【明】王阳明◎原著　吕郦◎编著

中国画报出版社·北京

图书在版编目（CIP）数据

知行合一 . 1, 心之所向 / (明) 王阳明原著；吕郦编著 . -- 北京：中国画报出版社，2024.2

ISBN 978-7-5146-2357-4

Ⅰ. ①知… Ⅱ. ①王… ②吕… Ⅲ. ①心学－研究－中国－明代 Ⅳ. ①B248.25

中国国家版本馆CIP数据核字（2024）第012479号

知行合一 . 1　心之所向

[明] 王阳明　原著　　吕郦　编著

出 版 人：方允仲
责任编辑：郭翠青
责任印制：焦　洋

出版发行：中国画报出版社
地　　址：中国北京市海淀区车公庄西路33号
邮　　编：100048
发 行 部：010-88417418　010-68414683（传真）
总编室兼传真：010-88417359　版权部：010-88417359

开　　本：16开（710mm×1000mm）
印　　张：9.25
字　　数：100千字
版　　次：2024年2月第1版　2024年2月第1次印刷
印　　刷：三河市天润建兴印务有限公司
书　　号：ISBN 978-7-5146-2357-4
定　　价：108.00元（全2册）

前言

中国历史上曾涌现出许多杰出的思想家，他们的智慧和哲学思想从古至今，对中国甚至世界都产生了深远的影响，王阳明毫无疑问是其中一颗极为亮眼的明星。单就跨度长达二百七十六年、能人贤士层出不穷的明王朝，也无人能掩盖他的光芒。

王阳明出生于一个官宦世家，十岁时便出口成诗，十一岁立下"读书是为做圣贤"的壮志豪言，年长一些又练习骑马射箭，广泛涉猎各种兵法秘籍。十七岁成家，二十八岁考中进士。可以说，三十岁之前的王阳明人生尚算稳当，但在步入仕途见证了明朝官场的种种腐败与百姓的水深火热之后，他感到了深深的痛苦和迷茫，内心苦苦追寻着解答之法。

后来，王阳明因得罪宦官刘瑾被贬至贵州龙场。在这里，他思及半生，日思夜省，终于顿悟："圣人之道，吾性自足，向之求理于事物者误也。"龙场悟道，是王阳明知行合一思想深刻体悟的源头，也是他哲学思想的一个转折点，从此，王阳明开始摆脱程朱理学的影响，逐渐创立了自己的心学体系。

在沉疴积弊的明王朝，王阳明发出"先除自己病痛，再疗天下之病"的呐喊；在时局艰难的中国，梁启超呼吁青年们脚踏实地做事，担负起应有的责任；甚至在现代社会，树立正确的"知行观"也是一个重要的育人目标。

所谓"知行合一"，知中有行，行中有知，二者互为表里，不可分离。梁启超曾将知与行的关系比作鸟的一双翅膀，缺了其中一只便无法完成飞行。它为我们提供了一种理念，让我们以内心的良知和智慧作为行为的指导原则，又从实践中获得真知，以此更好地应对生活中的种种抉择与挑战。

我们相信，王阳明的思想不仅值得每一个成年人了解和掌握，也是青少年需要耳濡目染和加以学习的，愿这本书为年龄尚小的孩子打开"明学"的大门，帮助他们从小树立"知行合一"的理念，成长为更有品德、更有智慧的人。

目录

所谓良知，就是守护心中的天理 / 001

孝敬孝敬，既孝且敬 / 005

简单的，才是生活 / 009

常怀恻隐之心，帮人也是帮己 / 013

心无杂念，才是大智慧 / 017

善用共情，做个"热心"人 / 021

明是非，晓对错，做公正的人 / 025

傲慢，是人最大的弊病 / 029

以细心，致广大 / 033

抛却名利私欲，保持中正平和 / 037

善为心性，便不为恶 / 041

资质平平，努力就行 / 045

人有自信，才不会把自己埋没 / 049

心怀大志，能成大事 / 053

好高骛远，注定碌碌无为 / 057

欲望少一点，快乐就多一点 / 061

别让自以为是，成为阻碍进步的绊脚石 / 065

全力以赴，方能不留遗憾 / 069

谨言慎行，慎独慎微 / 073

换位思考，用心体会 / 077

治病去根，才算痊愈 / 081

人贵有志，志贵于恒 / 085

接纳良言，才能确立真知 / 089

快乐与否，一念之间 / 093

良知不容欺骗，君子当光明磊落 / 097

不心存刻意，不自寻烦恼 / 101

不怨天，不尤人 / 105

顺其自然，心宽则世界广大 / 109

心之所想，力之所及 / 113

不做情绪的奴隶 / 117

天理常在，做人需表里如一 / 121

自知之明，是难得的见识 / 125

放松，才能过得轻松 / 129

毁誉皆是身外之物 / 133

失败有时恰恰是因为，想得太多 / 137

所谓良知就是守护心中的天理

引经据典

心即理也。此心无私欲之蔽，即是天理，不须外面添一分。以此纯乎天理之心，发之事父便是孝，发之事君便是忠，发之交友、治民便是信与仁。只在此心去人欲、存天理上用功便是。

古文今译

本心就是天理。这样的本心没有被私欲蒙蔽，不用到心外再添加一点一滴，就是天理。纯洁的天理本心，表现在侍奉父母上就是孝，表现在辅佐君主上就是忠，表现在结交朋友、治理百姓上就是诚信、仁爱。只需摒弃私欲，保持心中的天理就可以了。

"心学"小课堂

什么是天理？天理就是"本应该是这样"的道理。人之初，性本善。对于人来说，拥有良知，也就是那些与生俱来的美好品德就是天理。虽然它是与生俱来的，但是随着不断接触外物，私欲也随之滋生。因此，我们要守护好良知，守护好心中的天理，保持住那份与生俱来的善念。

凡事出于本心去做，就是最珍贵的！

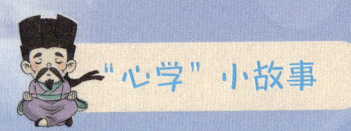

"心学"小故事

唐太宗是唐朝历史上一位非常伟大的皇帝。在他统治期间,发生过这样一件事。

那是贞观初年的时候,有一个人向唐太宗上书,请求他把朝堂上的奸佞臣子都清除掉。唐太宗便把这个人叫来,问他说:"我任用这些人,自然是因为他们是贤臣。既然你说要清除奸佞的臣子,那么,你能告诉我,谁才是奸佞的臣子呢?"

这人恭敬地回答说:"臣住在民间,当然不知道哪些大臣是奸佞,但臣想了一个办法,可以考验这些人的品行。"

唐太宗很好奇,示意这人继续说下去。这人道:"请陛下您假装发怒,来试探这些大臣。如果是品性正直的贤臣,必然不会惧怕陛下的雷霆之怒,仍然会直言进谏,这些都是忠诚正直的人;相反,如果因为惧怕陛下的怒火,什么都不敢说,甚至阿谀奉承,那就是奸佞的人,这样的人不配再做陛下的臣子。"

唐太宗没有马上做出回应,而是把宰相封德彝找来,和他说了这件事。

唐太宗对封德彝说:"流水是清澈还是浑浊,取决于流水的源头是清澈还是浑浊。在一个国家里,国君就好比流水的源头,是政令的发出者,而臣子与百姓,就好比流水。如果国君使用诡诈欺骗的手段,却要求臣子们正直忠诚,就好比水的源头浑浊不堪,却又希望流水能够清澈透亮一样,这是不可能的。我一直因为魏武帝曹操为人诡诈而鄙视他,如果我也像他这样,又怎么有资格再教化百姓呢?"

最后,唐太宗拒绝了那人的劝谏,对他说道:"我虽然想为天下伸张正义,但不愿意用这种虚伪欺骗的方法破坏社会的风气。所以,虽然你的想法非常巧妙,但我不能采用。"

孝敬孝敬 既孝且敬

引经据典

此心若无人欲,纯是天理,是个诚于孝亲的心,冬时自然思量父母的寒,便自要去求个温的道理;夏时自然思量父母的热,便自要去求个清的道理,这都是那诚孝的心发出来的条件。却是须有这诚孝的心,然后有这条件发出来。譬之树木,这诚孝的心便是根,许多条件便是枝叶。须先有根,然后有枝叶。不是先寻了枝叶,然后去种根。

古文今译

只要这颗心没有私欲,只有天理,是一颗诚恳孝敬父母的心,如冬天的时候自然会担心父母寒冷,自发地会为父母添衣加被;夏天担心父母炎热,自然就会想让父母凉快一点儿,这些都是诚孝本心的自然体现。因此,先要有这颗诚孝的本心,孝敬的举动自然会出现。就如树木,诚孝的本心就是树根,孝敬的具体行为就是枝叶。只有先有树根,然后才能有枝叶,而不是先找到枝叶,然后再去种树根。

"心学"小课堂

孝乃百善之首,如果一个人连自己的至亲都不孝顺,又如何能爱别人呢?其实,尽孝道最重要的就是诚恳。拥有诚恳的孝心后,你就会无时无刻不挂念着父母的现状。到这种时候,孝顺就成了一种很自然的行为。

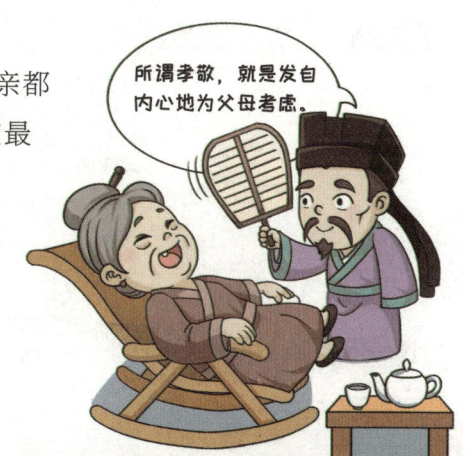

 "心学"小故事

古时候有个老裁缝,妻子去世后就一直过着孤单的生活。他有三个儿子,都已经长大成人,建立了自己的家庭。因为忙于自己的生活,儿子们每周都不一定能回来陪老裁缝吃一顿饭。

随着年纪越来越大,老裁缝感觉自己的身体越来越虚弱,儿子们来探望他的次数也越来越少。他不由得开始担忧,儿子们是不是已经将自己当成了累赘。

这天,老裁缝找到一位木匠朋友,让他帮自己打造了一个大木箱子,然后在箱子里装满石头,用一把旧锁把箱子锁起来,放到饭桌下面。

几天后，儿子们来陪老裁缝吃饭，瞧见了饭桌下的箱子，便好奇地问道："这箱子里是什么？"

老裁缝赶紧说："没什么，没什么，都是些以前的旧物件。"

见老裁缝神色有些紧张，儿子们显然不相信他说的话，悄悄用脚踢了踢，只感觉沉甸甸的，似乎还发出些碰撞的声响。

吃过饭后，儿子们凑在一起窃窃私语，怀疑这箱子里可能装着老裁缝藏起来的值钱东西，或许是金子呢！于是他们决定，以后三人轮流照顾父亲，一定要看顾好这箱宝贝。

就这样，三个儿子每人一周，轮流到老裁缝家里照顾他，给他做饭洗衣，陪他聊天消遣。不久，老裁缝就去世了，儿子们为他举办了体面的葬礼。随后，三人迫不及待地找到老裁缝的箱子，砸开了锁住箱子的旧锁。

嚯！这箱子里哪有什么珍宝，明明是一箱子石头啊！三个儿子简直不敢相信自己的眼睛，把箱子里的石头全都倒了出来，翻个底朝天，可除了石头，依然只有石头！

这时，小儿子突然注意到，箱子的底部刻着一行字：孝敬父母要有诚心。

看着这行字，三个儿子懊恼不已，流着泪说道："都是我们的忽视，才让父亲不得不撒下这样的谎言啊！"

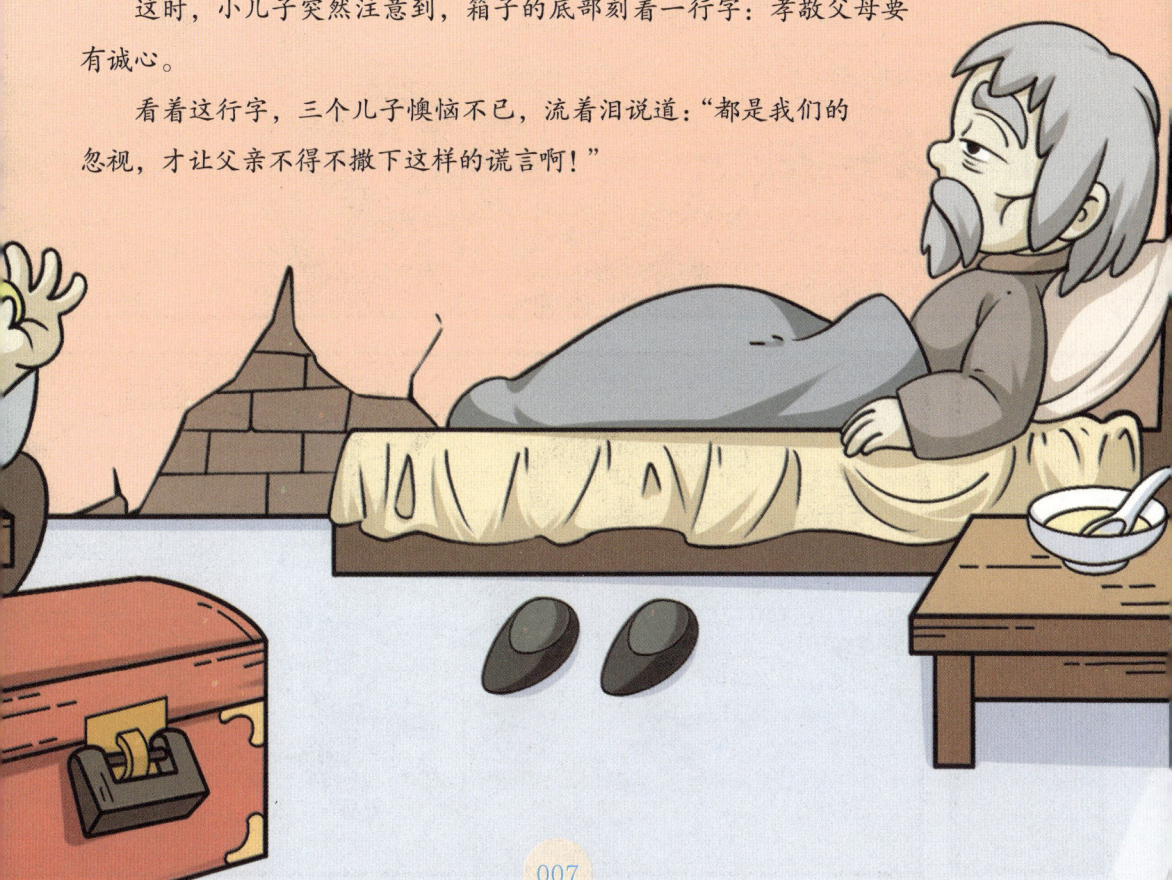

简单的才是生活

引经据典

"道之大端易于明白",此语诚然。顾后之学者,忽其易于明白者而弗由,而求其难于明白者以为学,此其所以"道在迩而求诸远,事在易而求诸难"也。

古文今译

圣道的主要含义容易理解,这话说得没错。综观后世学者,都是忽视最简单的道理而不用,反而追求那些晦涩难懂的东西,这就是孟子所说的,"道理近在眼前却到很远的地方去寻求,事情有简单的解决方法却按困难的方法去解决"。

"心学"小课堂

世界上的一切本不该如此复杂,不管是生活还是学习,越是将其简单化,就越是容易获得成功。简单的事情复杂化,不是因为事情本身复杂,而是因为人心中掺杂了许多复杂的东西,事情也就随之变得复杂了。因此,不管是面对学习还是生活,心思简单一些,也就更容易一些。

放下冗杂,回归简单,自然就能轻松自如、潇洒自在!

"心学"小故事

礁石村里住着一个老头，非常喜欢钓鱼，每天都会在固定的时间去固定的地点钓鱼。可无论运气怎么样，钓的鱼多不多，只要钓够一个时辰，老头就会收起钓具离开。

这天，一位卖货郎经过，又瞧见老头在钓鱼，便好奇地问他："为什么你每天只钓一个时辰呢？要是遇到运气好的时候就多钓一会儿，能收获更多的鱼呢！"

老头却反问道："我要那么多鱼做什么？"

卖货郎说："可以拿到集市去卖钱呀！"

老头又问："卖了钱之后呢？"

卖货郎说："可以用钱买一张网，这样你就能捕到更多的鱼，卖更多的钱啦！"

老头似乎没什么兴趣，依然态度平淡地问："然后呢？"

卖货郎兴奋地说："把钱攒下来，买一条渔船，就能出海捕鱼，赚更多的钱了！"

这次不等老头继续问，卖货郎已经滔滔不绝地说起来："之后，你可以召集村里的人，一起组建一支船队，除了捕鱼，还能运货，在各大港口往来，赚更多的钱，成为一个大富翁！"

见卖货郎说得兴奋不已，老头轻哂一声，又问道："我都这么大年纪了，还要赚那么多的钱干什么呢？"

卖货郎疑惑地看向老头，反问道："那不赚钱的话，您要干什么呢？"

老头笑道："自然是每天钓钓鱼，看看朝霞，欣赏落日，种种花草和蔬菜，和朋友下几盘棋、喝几杯酒，悠哉度日，快乐似神仙！"

老头一边说着，一边起身收起钓具，悠悠然地走远了。

卖货郎不明白，对于老头来说，最宝贵的是时间，抛弃一切功利的思想，不再为钱耗费心力，回归质朴简单的生活，幸甚至哉！

常怀恻隐之心 帮人也是帮己

引经据典

人固有见其父子兄弟之坠溺于深渊者，呼号匍匐，裸跣颠顿，扳悬崖壁而下拯之。士之见者，方相与揖让谈笑于其旁，以为是弃其礼貌衣冠而呼号颠顿若此，是病狂丧心者也。故夫揖让谈笑于溺人之旁而不知救，此惟行路之人，无亲戚骨肉之情者能之。然已谓之无恻隐之心，非人矣。

古文今译

如果人们看见自己的父亲、孩子、兄弟掉下深渊，一定会连鞋帽都不顾，一边高声叫喊，一边爬下山崖去救人。其他人看见他这个样子，好像若无其事一样地谈笑风生，觉得他这样衣冠不整、高声喊叫是不礼貌的，认为他是丧心病狂的。那些在一旁谈笑风生、看到有人落水都不去救的，恐怕是连骨肉亲情都不顾的野人吧。这样的行为就好像孔子说的"无恻隐之心，非人矣"。

人要善良，要有恻隐之心。即使做好事把自己弄得狼狈不堪，也是好的。见到人有危险而选择袖手旁观，不管其他方面如何体面，都不能称其为人。

 "心学"小故事

春秋时期,孔子在卫国做宰相,他的弟子子皋是一个监狱的监狱长。

一次,有个人犯了法,根据当时的法律,子皋要将这人的左脚砍去。在行刑的时候,子皋因为很同情这个人,脸上不自觉就流露出悲伤怜悯的表情。

不久,卫国的国君听信奸佞小人的谗言,要逮捕孔子。孔子收到消息后,急忙逃离卫国,并派人通知弟子们。当时子皋因为得到的消息比较晚,想逃的时候,住所已经被团团围住了。

就在这时,当初被子皋砍去左脚的人突然出现在子皋面前。他如今是负责把守城门的守门人,要是能抓住子皋献上去,那可是一份功劳呢!

子皋心想:"这下完了,恐怕只能等死了!"

但没想到的是,这人不仅没有趁机报复子皋,反而把他带去地下室藏了起来。等到半夜,这人还给子皋送来了食物。

子皋很感动,但同时也有些疑惑,便问守门人:"之前你触犯法令,是我砍去了你的左脚,你难道不憎恨我吗?为什么不仅没有向我报仇,反而还冒着生命危险来救我呢?"

守门人回答说:"虽然当时您砍了我的左脚,但也是因为我先触犯了法令,您是按照规定执行,我又怎会因此而憎恨您呢?而且,我很清楚,当时给我定罪的时候,您反复权衡,

尽量从轻处罚了。在行刑的时候,我从您的眼中看到了痛苦与关切,我知道您当时一定能够理解我的痛苦。您有一颗仁爱之心,是一个真正能够为老百姓着想的好官,这就是我愿意帮助您的理由啊!"

心无杂念
才是大智慧

引经据典

知识愈广而人欲愈滋，才力愈多而天理愈蔽。正如见人有万镒精金，不务煅炼成色，求无愧于彼之精纯，而乃妄希分两，务同彼之万镒。锡铅铜铁，杂然而投，分两愈增而成色愈下。既其梢末，无复有金矣。

古文今译

知识越渊博，反而让自己的欲望越发滋养长大，才智越多而天性越会被蒙蔽。这样的人就好像看见别人有万镒重的金子，自己不是想着如何增加拥有的一两黄金的成色，使自己的黄金不比他人黄金的成色差，而是一门心思想在分量上追赶人家，所以把锡、箔、铜、铅、铁都混杂着投入进去。这样的话，分量的确是增加了，可是成品色泽却没有了，到最后，得到的不再是金子，而是一堆其他的东西。

"心学"小课堂

做每件事情时都要有目标，如学习上要取得怎样的成绩，生活中要实现怎样的目标，但有些人总期望着一箭双雕、一箭三雕，到了这个时候，欲望会让原本的志向变得驳杂，失去原本的成色，也让目标变得更难实现。心无杂念，一直朝着原本的目标而去，才更容易成功。

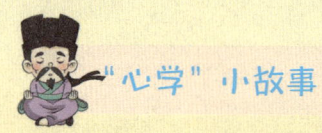 "心学"小故事

东晋时期,朝廷里有个名叫郗鉴的尚书,他有个女儿,名叫郗璿,长得非常漂亮。眼看女儿已经到了该出嫁的年龄,郗鉴便想着要为女儿找一个门当户对、德才兼备的丈夫。

郗璿长相出众,郗鉴又是大官,不少小伙子想要做郗鉴的女婿,但可惜,郗鉴一个都没看上。

丞相王导和郗鉴是好朋友,郗鉴听说他家子弟众多,家风也好,其中不乏品貌出众的年轻人,便动了心思,要是能和王导结亲,把女儿嫁入王家,那也不失为一件美事。于是,在一次早朝结束之后,郗鉴就找到王导,把自己的想法说了出来。

王导觉得，郗鉴这人不错，虽然官职比自己小，但他还年轻，前途无量，两家也算是门当户对，于是就点头同意了，并和郗鉴约定好时间，让他到家中做客，为女儿挑选对象。

　　回到家中，王导便把这事告诉了所有人，并嘱咐年龄合适的子弟们，到时好好装扮，务必给郗鉴留下好印象。

　　到了约定的时间，郗鉴带着礼物登门拜访。王家的子弟们也都把自己精心修饰一番，规规矩矩地坐在学堂里，看似在认真读书，但实际上心都不知飞哪儿去了。在这些子弟中，有一人与众不同。他不仅穿得非常随便，而且因为天热，还把上衣解开，露出了肚皮，一边全神贯注地写着字，一边毫无形象地啃着馒头。

　　郗鉴心想，这人如此不拘小节，可见是个真性情的人，这样的人尊重自己的本性，不会轻易为外物诱惑而屈从。他一眼就相中了这个年轻人，选他做了女婿。这个年轻人就是王导的侄子，东晋赫赫有名的大书法家王羲之。

善用共情 做个"热心"人

引经据典

是非之心,不虑而知,不学而能,所谓"良知"也。良知之在人心,无间于圣愚,天下古今之所同也。世之君子惟务致其良知,则自能公是非,同好恶,视人犹己,视国犹家,而以天地万物为一体,求天下无治,不可得矣。古之人所以能见善不啻若己出,见恶不啻若己入,视民之饥溺犹己之饥溺,而一夫不获,若己推而纳诸沟中者,非故为是而以蕲天下之信己也,务致其良知求自慊而已矣。

古文今译

是非之心,是天然存在的,不需要学习和思考,这就是人们所说的良知。良知在人们心中,不管是贤明的人还是愚钝的人,从古至今都一样。世上的君子,如果能专心致良知,自然能分辨是非善恶,像对待自己那样对待别人,像爱护自己的小家一样爱护自己的国家,将世界上的万事万物都当作跟自己一体,寻求天下大治。古人看见好事就等于自己做了好事,看见坏的事情也会感同身受,把世间百姓遭受的痛苦当成自己的。只要有一个人还生活在困顿之中,就好像这个人的困境是自己造成的一样。他们这样做不是为了让天下人相信自己,而是因为他的良知告诉他这样做会快乐。

"心学"小课堂

想要做善良的人,做能多交朋友的人,就要善于共情,多换位思考,才能成为真正善良、不会在无意间伤害别人的人。

做了好事会快乐,做了坏事会难受,这是因为,人都是有良知的。

"心学"小故事

古时候,外面是没有路灯的,天一黑,便只剩月亮发出的微光。

这天,一个商人深夜归家,因为走得匆忙,忘记携带照明工具,只得摸着黑走在路上。这时,他突然发现,前方似乎有一点儿微光,正慢慢向自己靠近。渐渐地,这团光越来越近,附近的小路也在这微光的照耀下变得越来越清晰。

光源越来越近,商人终于看清楚,原来是一个人正提着灯笼朝自己走过来呢。等那人快走到自己面前时,商人才惊讶地发现,提着灯笼走路的这个人,竟然是盲人!

商人心想:"这可真是奇怪,自己一个眼睛看得见的人都忘记带灯笼,对方一个什么都瞧不见的人反倒带了灯笼!"

这么想着,商人便忍不住问道:"这位小哥,您已经双目失明,为什么还要提着灯笼赶路呢?点着灯您也瞧不见路,不是在浪费灯油吗?"

听到商人的话,盲人平静地回答说:"我确实看不见路,灯笼也无法为我照明,但是在这黑夜里,其他行路的人如果没有提灯笼,那么他们既看不见路,也看不见我,说不定会把我撞倒,那不是太危险了吗?要是我自己提着灯笼,那么就不怕别人因为看不见而撞到我了呀!"

商人一听,不由得暗自点头。盲人提着灯笼上路,看似对自己毫无帮助,但实际上,他在给别人照亮小路的同时,也给自己上了一道安全保障。这大概就是人们常说的"赠人玫瑰,手有余香"吧!

明是非，晓对错 做公正的人

引经据典

夫道，天下之公道也；学，天下之公学也。非朱子可得而私也，非孔子可得而私也。天下之公也，公言之而已矣。故言之而是，虽异于己，乃益于己也。言之而非，虽同于己，适损于己也。益予己者，己必喜之；损于己者，己必恶之。

古文今译

道是天下人公有的，学也是天下人共同的，这不是朱熹个人拥有的，也不是孔子个人拥有的。天下公有的东西，就应该秉公处理，只要说得对，即便和自己的说法不同，也对自己有好处；那些说得不对的，即便和自己的看法一样，也是对自己有害的。对自己有好处的，自己就一定会喜欢；对自己有害的，自己就一定会讨厌。

"心学"小课堂

人的观念是由许多不同的内容组合到一起形成的，最重要的是对公正的理解、对是非的判断。如果没有办法认清对错，或者因为情感、利益等问题故意混淆对错，久而久之就会形成错误的观念，难以纠正。所以，要懂得分清是非对错，做公正的人，即便承认错误会让自己受到损失，也不能昧着良心颠倒黑白。

"心学"小故事

赵普是宋代的开国功臣,为人十分正直,尤其是在原则是非的问题上,哪怕面对一国之君,也敢于直谏,不肯退让。

一次,赵普向宋太祖举荐了一个人,但宋太祖不喜欢这个人,就驳回了赵普的请求。没想到,第二天,赵普又向宋太祖举荐了这个人。宋太祖很不高兴,仍旧拒绝。等到了第三天,赵普再次向宋太祖举荐这个人。宋太宗非常愤怒,气急败坏地把他的奏疏撕碎丢到地上。结果,赵普面不改色地把地上的碎片捡了起来。

等过了几天,宋太祖又收到赵普的奏疏。一瞧,这厮竟然把被撕碎的奏疏重新粘好,又递了上来。这时,宋太祖也冷静下来了。想来想去,赵普举荐的人确实合适,也就任用了这个人。

还有一次,朝中有个大臣到了该升官的时候,但宋太祖因为不喜欢那个大臣,就一直压着不让对方升职。赵普知道这事后又不干了,坚决要求宋太祖按照规章制度给那位大臣升官。宋太祖怒不可遏,冲着赵普发怒说:"我就不给他升官,你能怎么样?"

赵普也不生气,心平气和地说道:"赏罚分明,天下才能长治久安。更何况,这法令是天下人的法令,不是陛下您一个人的法令,您怎么能因为个人好恶而随意改动呢?"

宋太祖更生气了,直接拂袖而去。赵普仍旧锲而不舍地跟在后头,等宋太祖进了皇宫,他就一直在门口等。直到后来,宋太祖同意给那名大臣升官,赵普才肯离开。

不得不说,赵普的确是个公正的人,着实令人钦佩。

傲慢是人最大的弊病

 **引经据典**

人生大病，只是一"傲"字。为子而傲必不孝，为臣而傲必不忠，为父而傲必不慈，为友而傲必不信。故象与丹朱俱不肖，亦只一"傲"字，便结果了此生。诸君常要体此。人心本是天然之理，精精明明，无纤介染着，只是一"无我"而已。

 **古文今译**

人最大的弊病，就是一个"傲"字。为人子，若是傲慢，必定不孝；为人臣，若是傲慢，必定不忠；为人父母，若是傲慢，必定不慈爱；为人朋友，若是傲慢，必定不诚信。因此，象和丹朱都是不肖之辈，也因为傲慢断送了一生。大家应该时常体察反思是否有傲慢的念头。人心原本就是天然的理，天然的理精明纯净，没有丝毫污染，只是有一个"无我"罢了。

"心学"小课堂

人无完人，即便是孔子这样的圣人，也有犯错的时候。犯错可怕吗？犯错就要接受惩罚，承担后果。那么，比犯错更可怕的是什么？是傲慢。傲慢让人没有办法认识错误，也就没有办法改正错误。知错能改，善莫大焉。错不能改，就会不断犯错，不断被惩罚，没办法吸取教训。还有什么比傲慢更可怕的吗？

"心学"小故事

古时候有个擅长做泥人的手艺人,名叫张小二。他做的泥人栩栩如生,在市场上非常畅销。后来,张小二有了儿子,便打算把这门手艺传给他,好让这门手艺能够一直传承下去。

张小二的儿子是个心灵手巧的人,不仅遗传了父亲的巧手技艺,脑瓜子还转得特别快,做出的泥人又快又好,造型十分别致可爱、独树一帜。但每一次,张小二都能从儿子做的泥人身上找到许多缺点,督促儿子不断改正。

经过一段时间的努力,儿子的泥人做得越来越好,甚至因为独特的造型比张小二的泥人更受欢迎,价格也超过张小二的泥人。但即便如此,张小二对儿子的要求仍旧十分严格,也总能从泥人身上找到许多儿子不曾发现的问题。

为了得到父亲的肯定与赞赏,儿子每天都在认真琢磨,努力改进。几年过去了,儿子的手艺越来越好,他所做的泥人在市场上的名气越来越大,随之飞涨的,自然是售卖的价格。要知道,现如今,儿子的泥人已经卖到十一个铜钱了!

即使这样,张小二也依然对泥人"挑刺":左右眼不对称,右边肩膀太低,指甲盖儿太小……

终于有一天，儿子实在忍无可忍，在张小二又一次挑剔他的泥人时，大声吼道："您对我的泥人就那么看不上眼吗？我却认为它们已经非常完美，人们甚至愿意花十一个铜钱争相购买！"

听到这话，张小二深深地叹了口气，说道："你的话让我十分伤心，这意味着你的泥人从今往后都只能卖到十一个铜钱了！"

儿子疑惑地问："这是什么意思？"

张小二无奈地说："作为一个手艺人，一旦开始居高自傲，就意味着他无法再进步了。"

以细心致广大

引经据典

"尽精微"即所以"致广大"也,"道中庸"即所以"极高明"也。盖心之本体自是广大底,人不能"尽精微",则便为私欲所蔽,有不胜其小者矣。故能细微曲折,无所不尽,则私意不足以蔽之,自无许多障碍遮隔处,如何广大不致?

古文今译

"尽精微"是为了"致广大","道中庸"也是为了"极高明"。因为心的本体原本宽广博大,人若是不能达到细致入微,便会被私欲蒙蔽,在细微处无法战胜私欲。所以,如果能做到细致入微、穷尽精微,私欲就不能蒙蔽心的本体,自然也没了障碍蒙蔽,心怎能不宽广博大呢?

"心学"小课堂

有人认为,只要从大局出发,方向没错就可以了,而与此同时,有些人还会追求细节的完美。这两种人在竞争的时候,谁更容易获胜呢?自然是追求细节完美的。大局虽然重要,但是能看清局势的,不只有一两个人。到最后,自然是细节最好的那个人能把事情做得更漂亮。我们要重视大局,更要重视细节。做好了细节,大局也会变得无懈可击、尽善尽美。

想成大事,得从细微处入手。

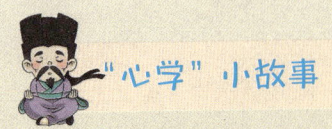

"心学"小故事

春秋战国时期,晋国执政卿赵简子打算从两个儿子中选定一个做接班人,但一时之间又下不了决心,不知道该选谁。

思来想去,赵简子决定"考验"一下两个儿子,看看谁更适合,能把国家治理得更好。这么想着,赵简子便提笔写了一篇训辞,又让人将这篇训辞分别抄录在两块竹简上。

做完这些事后,赵简子把两个儿子叫到跟前,将两块竹简分别给了他们,并交代道:"你们将这竹简上的训辞多看看,熟记其中的内容。"说完之后,不等两个儿子有所反应,他就让他们离开了。

或许是赵简子的态度过于随意,大儿子伯鲁根本没往心里去,很快就把这事抛诸脑后了。小儿子无恤则是个细心又实诚的人,听了父亲的吩咐之后,就老老实实地背诵竹简上的训辞,并将竹简妥帖地收藏起来。

三天后,赵简子将伯鲁叫来,让他背诵竹简上的训辞。结果可想而知,伯鲁

一个字也背不出来。当赵简子询问他把竹简放在什么地方时，他吞吞吐吐地回答说："我不小心弄丢了，不知道在什么地方。"

赵简子非常失望，但没有多说什么。打发走伯鲁之后，他又把小儿子无恤叫了过来，同样让他背诵竹简上的训辞。无恤从容淡定地将训辞一字不落地背诵出来。赵简子非常高兴，又询问他竹简在何处，只见无恤恭敬地从袖中取出竹简，双手呈递到赵简子的面前。

通过这次考验，赵简子不再犹豫，选择无恤做了继承人。他认为，只有像无恤这样做事细心、听从教育的人，才能治理好国家。

抛却名利私欲 保持中正平和

引经据典

汝若于货色名利等心，一切皆如不做劫盗之心一般都消灭了，光光只是心之本体，看有甚闲思虑？此便是"寂然不动"，便是"未发之中"，便是"廓然大公"。自然"感而遂通"，自然"发而中节"，自然"物来顺应"。

古文今译

如果你对财物、美色、虚名、利益等身外之物的心思就像不做抢劫盗窃的想法一样，都一一消除，只剩下原本的"心体"，看看还有什么闲思杂念呢？这就是"心上不起一丝波澜""心灵不受外界事物影响""心胸广阔，毫无私念"。到此自然是"与世间万物感应相通"，是"情感发出来时中正平和"，是"遇到任何事物时都能坦然应对"。

"心学"小课堂

人人都在追求名利，这条路上注定人满为患。想要获得名利，就要与人钩心斗角，付出大量的时间与精力。有些时候，更要为了超越他人，而抛却原则、底线，甚至是良心。越是渴望名利，心态就越是会随着名利远近而起伏，心浮气躁就成了经常出现的情况。想要实现自我提升，修心养性，就要先抛却私欲，保持心态的平和。

抛却名利私欲，自然就能消除杂念，坚守本心。

"心学"小故事

越王勾践卧薪尝胆，攻灭吴国之后，他的心腹范蠡毅然辞官，放弃了唾手可得的高官厚禄，从此远离政治，改做商贸。

当时，对于范蠡的选择，很多人是无法理解的，但范蠡却清楚地知道，勾践不是一个能够容人的君主，他们能够共患难，却无法共享乐。

离开越国之后，范蠡改名换姓，先是去了齐国，在海边找到一块土地开荒，利用海水煮盐。经过几年的积累，范蠡成了当时富甲一方的商人。

齐国国君得知范蠡的事情后，便任命他做了宰相。范蠡本就不想再和官场扯上关系，没过多久就又主动辞职，并将自己的大部分财产分给了乡里，然后离开了齐国。

离开齐国之后，范蠡到了宋国的陶邑。这里位置适中、交通发达，客商往来频繁，店铺鳞次栉比，一片繁华景象，让范蠡十分喜欢。于是，他决定在这里定居下来，改名"陶朱公"。

在这里，范蠡再次过上了耕作养殖的平凡生活。因为头脑聪明，平时又注意收集信息，范蠡很快就把生意做了起来。仅仅几年时间，他又积累了亿万家财。这时候，范蠡的年纪已经很大了，便把生意交给长子管理，自己则带着妻子和小儿子一起游山玩水。

旅游过程中，范蠡一家经过熊耳山下的卢邑，发现这里景色如画，十分美丽，便居住了下来。很快，范蠡就发现，这里同样藏着巨大的商机：这个地方盛产核桃、木耳等山货，却十分缺少食盐等物品。

经过一段时间的考察，范蠡的商铺很快就开了起来，并成功带动了当地的经济发展。范蠡很快又积累了不菲的身家。

几年后，范蠡准备回家，又将自己的大部分家财分给了乡邻。百姓都十分爱戴他，尊称他为"财神"。

善为心性 便不为恶

引经据典

圣人只是还他良知的本色，更不着些子意在。良知之"虚"便是天之太虚，良知之"无"便是太虚之无形。日月风雷、山川民物，凡有貌象形色，皆在太虚无形中发用流行，未尝作得天的障碍。圣人只是顺其良知之发用，天地万物俱在我良知的发用流行中，何尝又有一物超于良知之外，能作得障碍？

古文今译

圣人只是为了还原良知最初的样子，更不会往其中添加其他意思。良知的"虚"就是天之太虚，良知的"无"就是太虚的混沌无形。太阳、月亮、风、雷、山、川、百姓，万事万物，但凡有样貌、形状、颜色的，都是在太虚的混沌无形中形成的，这些未必是天的阻碍。圣人只需顺应良知散发出来的作用，天地万物也都在良知散发出的作用中形成，又如何会有事物超于良知之外，而成为良知的阻碍呢？

"心学"小课堂

良知是我们的本心，坚守本心去做事，自然不会做出坏的事情来。特别是在涉及他人的时候，遵从善良的本意，多为他人着想，就很难把事情做成坏事。好事做得多了，别人会记住；坏事做得多了，别人也会记住。所以，遵从自己的本心，多做好事，才能结出善果。

心存善念，常行善举。

"心学"小故事

北宋开国元勋曹彬是个非常宽厚仁义的人。

在出师南唐、大军围攻金陵的时候,曹彬担心手下的士兵残害百姓,就想了一个法子,自己假装生病,然后让将士们焚香发誓,攻入城中后不能滥杀无辜。正因如此,宋军在破城之后,受到了百姓的欢迎。

南唐后主投降之后,曹彬对他和南唐的大臣都很友好,用款待宾客的礼仪对待他们。班师回朝后,他也没有向皇帝表功,只简简单单地写了一句:"奉敕江南干事回。"意思就是,皇上您让我去江南干的事已经干完了。

曹彬虽然位高权重,但为官十分清廉,也不看重钱财,自己的俸禄都用来接济亲戚了。在朝堂上,他是皇帝忠实的臣子,从来都没有忤逆过皇帝,也不会在背后议论别人的过失。路上遇到其他士大夫的车子,即使对方官职没有他高,他也总是会让自己的马车避让到一边。对于手下的官吏,曹彬也非常尊重,从来不会直呼对方的名字。每次有下属禀告事情的时候,他也一定要穿戴整齐才接见,以示对对方的尊重。

一次,曹彬在徐州做官的时候,手下有个吏员犯了事,要被处以杖刑,但曹彬却让人将这一处罚推迟了一年。曹彬说:"我听说这人刚刚成婚,如果马上杖责,可能会让他的父母认为,是新婚妻子带来的不幸,从而对她不好,这样不是连累了无辜的妇人吗?"

曹彬的宽厚仁义为他赢得了许多人的钦佩与喜欢。曹彬死后,宋真宗十分哀恸,每每提起曹彬,都会痛哭流涕。后来,真宗追封曹彬为中书令,封济阳郡王,和宰相赵普同配飨太祖庙庭。

资质平平 努力就行

引经据典

夫学、问、思、辨、笃行之功,虽其困勉至于人一己百,而扩充之极,至于尽性知天,亦不过致吾心之良知而已。良知之外,岂复有加于毫末乎?

古文今译

学、问、思、辨、行的功夫,虽然有人天资平平,要付出比别人多的努力才能参悟,但只要达到了尽性知天这个功夫的极限,说到底也不过是穷尽自己本心的良知罢了。在良知以外,难道我们还能再增添分毫吗?

"心学"小课堂

每个人的天资都不相同:有些人天资卓绝,可以轻易做到他人做不到的事情;有些人则天资平平,不管做什么都比那些天资好的人慢一些、差一些。那么,天资差的人就不能成功吗?当然不是。即便天资不佳,也可以通过不断努力达成与那些天资好的人同样的效果。特别是有些事情是有上限的,只要尽到了努力,即便是那些天资更好的人,也没办法超出极限。

即便天赋不佳,只要付出努力,也能有所成就。

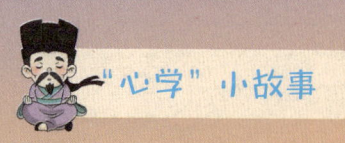 "心学"小故事

西汉时期,有一个年轻人名叫卫青。他出身十分卑微,不仅贫穷,还是个私生子。

卫青的母亲卫媪是平阳公主家的女仆,原本已有丈夫,但却和公主府的一个小吏郑季私通,生下卫青。在卫青七八岁的时候,卫媪因为无力继续抚养儿子,就把他送去了郑家。

对于卫青这个私生子,郑家是非常不欢迎的,一直将他当作奴仆看待,就连卫青的亲生父亲,也对他没有丝毫慈爱之心,整天使唤他去放羊。

长大之后,卫青和许多年轻人一样,有了自己的梦想和抱负,不愿意再待在郑家,于是又回到母亲身边,做了平阳公主府中的一名马夫。

虽然身份卑微,但卫青并没有看轻自己,更没有选择得过且过,而是一有机会就积极学习文化知识,广交朋友,力求能让自己成为有用之才。

卫青有个姐姐名叫卫子夫,因被汉武帝看中进了宫。当时,武帝十分宠爱卫子夫,善妒的陈皇后不敢直接针对卫子夫,就把这份仇恨转移到了卫青身上,使计陷害卫青。幸

好当时卫青的好友公孙敖拔刀相助，才帮卫青洗刷了冤屈。

这件事被武帝知道后，为了安抚卫青，便下旨任命他做了建章监、侍中，之后又提拔他做了太中大夫。

卫青本就是个有抱负的人，一旦抓住机会，更是异常努力，很快就因为表现突出得到武帝的赏识。公元前129年，匈奴进犯，卫青被任命为车骑将军，迎击匈奴，自此开启了他传奇的戎马生涯。

后来，卫青因荣获战功被封为关内侯，一步步走到位极人臣的位置，最终获得平阳公主的芳心，成为她的丈夫。

人有自信才不会把自己埋没

引经据典

在虔,与于中、谦之同侍。

先生曰:"人胸中各有个圣人,只自信不及,都自埋倒了。"因顾于中曰:"尔胸中原是圣人。"

古文今译

在虔州时,九川与于中、谦之共同陪伴先生。

先生说:"每个人的心中都藏着一个圣人,只是因为自信不足而把圣人埋没了。"先生对于中说:"你的心中本来也藏着一个圣人。"

从古至今,人们不断强调展示自我的重要性。向他人展示自己的能力,的确能更快得到认可和赏识。但不可忽视的是,在这一过程中,自信才是最重要的。没有自信心,所谓的展示自我就变成了赶鸭子上架,不仅不能成为让他人快速认识自己的途径,反而会变成一场闹剧,成为他人眼中的笑话。因此,要展示才华,不被埋没,最重要的是先建立强大的自信心。

"心学"小故事

在硝烟四起的战国时期，秦国出兵攻打赵国。赵王见秦军势不可当，兵临城下，急忙派亲信平原君前往楚国寻求帮助。平原君是个很有智慧的人，他决定从门客中挑选二十名有才能的人一同前往楚国。他精挑细选出了十九人，只剩下一人迟迟不能决定。

在平原君的众多门客中，有一个叫"毛遂"的人，他很想有所作为，就主动向平原君自荐去楚国。平原君看着面生的毛遂，就问他在府中当了几年的门客？毛遂从容不迫地说："三年。"平原君左思右想，也没想出毛遂有什么过人的表现，便拒绝他一同前往。

毛遂并没有妥协，他自信满满地说："请您相信我，我是一个很有才华的人，只要您给我一个展露才华的机会，我一定不会让您失望。"

平原君被毛遂的自信折服了，竟莫名相信他真的很有才华，便答应他一同前往楚国。

众人抵达楚国后，平原君与楚王商谈，他说得口干舌燥，也没能说服楚王出兵援助。就在众门客一筹莫展时，毛遂挺身而出，不卑不亢地对楚王说："秦国的目的是一统天下，等攻破了赵国，就会起兵攻打楚国。我们赵国和楚国唇齿相依，

唯有抱团取暖，联合对抗秦国，才能有一线生机。"

毛遂的话一下子点醒了楚王。他见赵国一个小小的门客都如此有勇有谋，心想与赵国联手肯定能打败秦国，当下便派兵支援赵国。

毛遂成了赵国的大功臣。不管是他自荐，还是向楚王分析战事的利弊，他的身上都透露出浓浓的自信。正是这份自信，才能令众人对他刮目相看。由此可见，人只要有自信，不管走到哪儿，都能有所作为。

心怀大志 能成大事

引经据典

工夫大略亦只是如此用，只要无间断，到得纯熟后，意思又自不同矣。大抵吾人为学，紧要大头脑，只是"立志"。所谓"困、忘"之病，亦只是志欠真切。

古文今译

功夫就是这样，只要能保持下去，等到功夫纯熟以后，自然能感觉到和之前的不同。"立志"是我们做学问的关键，不管是有了困惑，还是存在遗忘的问题，都是因为立志有所欠缺。

"心学"小课堂

谈论人生的时候，迷惘两个字是经常出现的。不管是学习还是生活，总有些时候我们会不知所措，不仅不知道该怎样做，甚至不知道该做什么，久而久之，就会产生迷惘。迷惘之后，要么只知道玩乐，要么就像行尸走肉一般随波逐流。你想过将来要过怎样的生活吗？要达成怎样的理想？没有的话，就先从立下志向开始。志向如同灯塔，帮你照亮前进的道路，使你不再迷惘。

 "心学"小故事

范仲淹是北宋时期杰出的文学家、政治家。他能有如此大的作为,与他从小怀有远大志向息息相关。

范仲淹小的时候家中穷困潦倒,父母没有钱供他上学。他为了学习知识,实现远大抱负,就跑去寺庙同僧人们一同学习。寺庙里有一间摆满书籍的僧房,他成天待在那间僧房里,不眠不休地读书学习。

后来,范仲淹进了学堂。读书期间,他的生活依旧无比艰苦,穿的衣服破旧不堪,尤其是冬天,手上、脚上总是长满冻疮;饮食也非常简陋,他会每天煮上一锅糙米粥,等粥凝固了,将其切成块带去学堂,早晚各吃几块。尽管生活如此窘迫,但他心中的志向不曾改变,读书更加努力。

有个同学见范仲淹的生活如此艰难,十分同情他,就带了一些鱼肉给他。然而,范仲淹拒绝了同学的好意。这位同学以为范仲淹是不好意思接受,迅速放下鱼肉后,匆匆离开了。

过了几天,这位同学心想那些鱼肉一定被范仲淹吃完了,所以又带了一些鱼肉去看望范仲淹。等到了范仲淹家后,他惊讶地发现他留下的那些鱼肉丝毫没动,已经腐烂发霉了。他生气极了,跑去质问范仲淹:"我好心送你吃食,你为什么要拒绝呢?你看,这些吃食都变质发霉了,多么可惜呀!"

范仲淹耐心地解释:"我很感谢你的好意,但我过惯了艰苦的生活,怕吃了这些美味佳肴,就很难再过以前的苦日子了。况且,艰苦的生活能够磨炼我的意志。"

这名同学听后,不禁敬佩范仲淹的志气,并坚信他未来一定会大有作为。

范仲淹不负众望,经过刻苦学习,终于成为一名杰出的政治家、文学家。可见,人只要心怀大志,就能克服重重困难,成就一番大事。

好高骛远 注定碌碌无为

引经据典

后儒不明圣学,不知就自己心地"良知良能"上体认扩充,却去求知其所不知,求能其所不能,一味只是希高慕大,不知自己是桀、纣心地,动辄要做尧、舜事业,如何做得?终年碌碌,至于老死,竟不知成就了个甚么,可哀也已!

古文今译

后辈儒者不明白圣人真正的学问,不知道从自己的本心去体会扩充良知良能,反而追求自己不知道的知识,追求自己做不到的事情,好高骛远,不切实际。在心如桀、纣的情况下,却要追求尧、舜的事业,怎么可能做得到呢?因此,他们只能一生碌碌无为,直到年迈体衰,都不知道自己这辈子到底成就了什么,实在是可悲可叹!

"心学"小课堂

不积跬步,无以至千里;不积小流,无以成江海。人人都向往成功,甚至无数次在脑中练习当自己得到一个机会会怎样发挥,会取得怎样的成功。这样的想法无异于直接畅想漫长成功路的最后一步,那么中间的无数步路要怎样走呢?好高骛远者并不知道,只有一步一个脚印,踏踏实实地前进,才能真正走到最后一步。只知道最后一步怎么走,是没有意义的。

追求远超自己能力之外的东西,注定一生都碌碌无为啊!

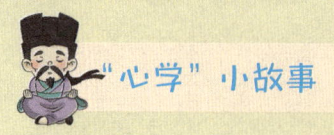

"心学"小故事

陈蕃是东汉末期的名臣,与窦武、刘淑并称三君。他性格忠直,刚正不阿,一生都在与谋夺朝政的外戚和宦官们斗争,以"澄清"天下为己任。

陈蕃从小就胸怀大志,少年时期就离开家庭独居了。一天,他父亲的朋友薛勤来访,看见屋子里很脏,东西也放得乱七八糟,就问陈蕃:"你为什么不能把东西整理一下?把屋子清扫一下呢?"

陈蕃反应很快,振振有词地说:"大丈夫应该以扫清天下为己任,哪能纠结于清扫一间屋子。"

听到陈蕃的歪理邪说,薛勤反问道:"连一间屋子你都不肯打扫,还谈什么打扫天下?"

陈蕃竟无法回答薛勤的问题。他瞠目结舌了好一会儿,才乖乖地把屋子打扫干净。

人要有大志向,更要明白"不积跬步,无以至千里"的道理。抬头看过远方的高山后,就要低下头看着脚下的路,一步步朝着高山走去。不能好高骛远,只抬头看着远方,期待有一天能肋生双翅,将自己带到最高的山峰上去。以空想拥抱理想,注定碌碌无为。

欲望少一点 快乐就多一点

引经据典

目本说色，耳本说声？惟为人欲所蔽所累，始有不说。今人欲日去，则理义日洽浃，安得不说？

古文今译

眼睛本来就喜欢美色，耳朵本来就喜欢谐声，只有人的本心因为被私欲所蒙蔽，才始终不知道自己喜好什么。如果私欲一天天减少，天理仁义一天天滋润本心，怎么能不开心呢？

"心学"小课堂

人天生就有喜欢的东西，这很正常。但是，喜欢的东西越来越多，甚至超出了自己的能力，那该怎么办呢？不断地去追求更好的东西的确能让人获得满足。但是，这种追求如果没有止境，只能把人拖垮。要追求更好的东西，也要知道什么时候该知足。一个阶段、一个阶段地提升，才是正确的，才能让人感到快乐。

等你能够摒弃私欲的时候，快乐自然就出现了。

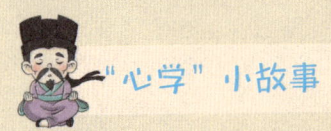
"心学"小故事

唐朝时期,有一位大诗人,每天愁眉苦脸,唉声叹气。他的好友见他闷闷不乐,就问他怎么了。

大诗人苦恼地说:"我的妻子吝啬极了,对钱财尤为看重,每天都为吃穿用度精打细算。你看看,我身上的这件衣服全是补丁,她都没想过给我买件新的。"

好友拍拍大诗人的肩膀,爽快地说:"这样吧!我去你家中说些道理给你妻子听。"

大诗人领着好友来到家中,他的妻子出来迎客。等好友落座后,也没见大诗人的妻子端上茶水、零食招待一番。好友也没生气,他将手握成拳头后笑着说:"嫂子,如果我的手成天保持这个姿势,你觉得怎么样?"

大诗人的妻子说:"这个样子肯定不舒服。"

好友又将手伸展开来,接着说:"如果我的手每天保持这个姿势呢?"

大诗人的妻子如实说:"也一样不舒服。"

好友趁机说起道理:"你说得很对。不管是握拳,还是展开手,成天保持一个姿势肯定会不舒服。对待金钱其实是一个道理,只一味地存钱或一味地花钱,都体会不到生活的快乐。只有减少对金钱的欲望,有花有存,才能感到快乐。"

大诗人的妻子听后,不禁陷入了沉思。这么多年来,她精打细算,一家老小省吃俭用,确实存了不少钱,可是每个人的脸上都愁眉苦脸的,没有一点儿笑容。她想通后,连忙端来茶水和吃食招待友人。

大诗人见状,脸上不禁露出了笑容。他的妻子在看到他的笑容后,也跟着笑了。这一刻,她终于明白,欲望少一点儿,快乐就会多一点儿。

别让自以为是成为阻碍进步的绊脚石

引经据典

譬如方丈地内，种此一大树，雨露之滋，土脉之力，只滋养得这个大根。四傍纵要种些嘉谷，上面被此树叶遮覆，下面被此树根盘结，如何生长得成？须用伐去此树，纤根勿留，方可种植嘉种。不然，任汝耕耘培，只是滋养得此根。

古文今译

比如，在一块方圆一丈的地里种上一棵大树，雨水的滋养，地里的肥料，都用来养这棵大树的树根了。如果你在大树的周围种上些谷物，谷物之上有树叶的遮挡，谷物之下又因树根的存在而汲取不到营养，如此它怎能长大成熟呢？只有砍掉大树，拔起树根，才能种植谷物。不然，你耗费再多的时间、精力去耕耘栽培，也只是在滋养这棵大树的树根罢了。

"心学"小课堂

人要有自信，但却不可自傲、自满。一旦自傲、自满的情绪开始出现，就难以正确看待自己、接受正确的东西，视野会越来越狭隘。

 "心学"小故事

王安石是宋朝著名的诗人,后人把他列为"唐宋八大家"之一。他的诗最大特色就是用词严谨。之所以他的诗文都是经过反复推敲才定稿的,是因为他的一次经历。

大家总是夸赞王安石的作品,他也觉得自己很擅长写诗,主要的是他觉得自己很博学。

一天,得意洋洋的王安石来到江南,正在欣赏江南美景时,一首诗映入眼帘:明月当空叫,黄狗卧花蕊。

王安石看后,哈哈大笑:"这月怎么能当空叫?这狗又怎么能卧在花蕊中?这位写诗的人怕是为了押韵什么都不懂吧?"

于是,他拿出随身的笔墨,马上把诗改成:明月当空照,黄狗卧花阴。改完后,还得意地又读了几遍。正打算离开,他突然想到:这诗人这么粗心,随便什么人都想要写诗,我还是给他留个言教育他一下吧。于是,他又在诗后留下几句话,来责备写诗人的粗心。

几年后,王安石又来到这里,正在吃饭时无意中听人谈起了改诗的事。

"你们知道吗?也不知道是谁把诗改了?"一个人说。

另一个回应说:"是呀,人家那首诗的作者家乡有一种鸟叫'明月',就是因为常常对着月亮叫而得名,而那个叫'黄狗'的小虫子,最喜欢的就是卧在花蕊里。"

"也不知道是谁,不问清楚就给人改,还怪人家作者粗心。"

"唉,可能是没见过啥世面的人吧!"

……

两人的对话让王安石面红耳赤。他自以为博学,原来差得远呀!他十分后悔,从此对自己严格要求,虚心向人求教,最终名扬后世。

全力以赴方能不留遗憾

引经据典

凡人为学,终身只为这一事。自少至老,自朝至暮,不论有事无事,只是做得这一件,所谓"必有事焉"者也。若说"宁不了事,不可不加培养",却是尚为两事也。"必有事焉而勿忘勿助",事物之来,但尽吾心之良知以应之,所谓"忠恕违道不远"矣。

古文今译

一般人做学问,终身只为了这一件事,从小到老,从早到晚,不管有事没事,也只做这一件事,这就是所谓的"必有事焉"。如果说"宁肯不做事,也不能不培养本体",就是把做事与培养本体当做两件事看待了。"必有事焉而勿忘勿助",事情发生的时候,只需尽我们本心的良知去应对,即所谓"忠恕违道不远"。

"心学"小课堂

我们学习本领是为了运用,遇到适合的场景时,一定要全力以赴,保证事情能够成功。这就如同狮子捕猎,即便对手是兔子,也不敢有丝毫松懈,用尽全力保证能抓住兔子。千万不要觉得不能成功就轻易放弃,万一你比自己想象的更强大呢?万一对手其实很弱小呢?轻易放弃只能留下遗憾。

 "心学"小故事

唐朝时期,民间狩猎活动盛行。有个老猎户生了三个儿子,兄弟三人都是狩猎好手。他们每次都一起进山打猎,奇怪的是,打到的猎物一次比一次少。原来,三兄弟都想偷懒。老猎户心想这样下去可不行,必须调动三兄弟打猎的积极性。

老猎户想了一个法子,他对三个儿子说:"你们每次打猎都将猎物放在一起,我也不知道你们谁的狩猎本领最强,不如这样,明天你们各自保管自己的猎物,我给你们一天时间,看谁打到的猎物最多,我会给赢的人一份奖励。"

这个比赛激起了兄弟三人的好胜心,隔天天没亮就一起进了山林。大哥的运气特别好,打到了很多猎物。二哥和三弟的运气就没那么好了,只打到了一两只猎物。中午休息的时候,大哥得意地说:"你们俩打到的猎物加起来都没有我的多,我赢定了!"

下午时分,大哥和二哥不打算去打猎了,只有三弟准备再次进山。老猎户不解地问小儿子:"你二哥已经放弃了比赛,你为什么还要继续比下去呢?"

小儿子说:"大哥用一上午的时间打到了那么多猎物,没准儿我也能用一下午的时间打到比他更多的猎物。"

老猎户又问:"如果你打不到那么多呢?"

小儿子笑着说:"输了我也不后悔,因为我全力以赴了。"

令人意想不到的是,老三下午的运气特别好,他打到的猎物真的比大哥还要多。最终,他获得了老猎户的奖励。

很多时候,即使到了最后一刻,也会有逆风翻盘的机会,前提是必须全力以赴。即使最后还是失败了,也不要紧,至少心中不留遗憾。

谨言慎行 慎独慎微

引经据典

必欲此心纯乎天理，而无一毫人欲之私，此作圣之功也。必欲此心纯乎天理，而无一毫人欲之私，非防于未萌之先而克于方萌之际不能也。防于未萌之先而克于方萌之际，此正《中庸》"戒慎恐惧"、《大学》"致知格物"之功，舍此之外，无别功矣。

古文今译

一定要让心和体更加纯粹地接近天理，让心中没有一丝一毫的私欲，这就是成为圣人的方法。想要做到这一点，必须在个人欲望出现之前就加以防范，出现的时候马上制止它。在产生前防范，在萌芽时制止，这是《中庸》中所说的"戒慎恐惧"和《大学》中"致知格物"所说的修身方法，除此之外，就没有别的办法了。

"心学"小课堂

人们常说，养成一个习惯要二十一天。好习惯是这样，坏习惯也是这样。许多坏事情、坏习惯，并不是第一天就形成的，要在相当长的时间里放任其成长，才能出现。根除掉坏习惯，解决一件坏事，并不容易，但要是能在其没有形成之前就发现，解决起来就容易得多。所以，我们要善于观察，保持警惕，万万不要放任坏事情发展、坏习惯成长，而要将其趁早解决。

> 错误出现之前就要加以防范。

"心学"小故事

西周时期,周武王去世后,年幼的周成王继承王位。周成王不懂朝政,政权暂由他的叔父周公旦管理。周公旦很有才干,周王朝在他的管理下蒸蒸日上。

一天,周成王和弟弟叔虞在梧桐树下玩耍。一阵秋风吹过,梧桐树叶纷纷落下。周成王随手捡起地上的一片梧桐叶,用小刀将树叶裁剪成玉圭的形状。

在当时,玉圭是重要的礼器之一,用于册封诸侯、祭祀、丧葬等重要的仪式。周成王将裁剪好的玉圭送给叔虞,并开玩笑地说:"弟弟,我要封一块土地给你,这个'玉圭'就是证明。"

叔虞不知道周成王是在开玩笑,他拿着梧桐叶做成的玉圭,兴奋地跑到周公旦面前,激动地说着周成王要封他土地的事儿。周公旦听完后,立马换上朝服进了宫,等见到周成王后,连忙拱手道贺。

周成王一头雾水,叔叔好端端的为什么向他道贺呢?周公旦见周成王忘记了送"玉圭"给叔虞的事,就笑着提醒:"我听闻你要给叔虞封地,还送他玉圭作证明。这么好的事,我当然要来道贺。"

周成王听后,不以为然地笑着说:"叔叔,我同叔虞开玩笑的。我给他的是梧桐叶做的假玉圭,不是真的要给他封地啊!"

周公旦随即收起了笑容,板着脸,严肃地训诫周成王:"不论何时何地,都要谨言慎行,以信为本,说到就要做到。作为一朝天子,在讲话时更要小心谨慎,否则天下的百姓如何信赖你?你又怎能管理好国家呢?"

周公旦的一番话让周成王羞愧不已,他也信守承诺,将一块地封给了叔虞。自此,周成王谨言慎行,总是三思而后行。

这就是历史上著名的"桐叶封弟"的故事。

换位思考 用心体会

引经据典

须于心体上用功，凡明不得，行不去，须反在自心上体当，即可通。盖《四书》《五经》不过说这心体，这心体即所谓道，心体明即是道明，更无二。此是为学头脑处。

古文今译

想要学得透彻，必须用心去学，凡是弄不明白、解释不通的，就要返回自身，用心体会，如此才能学得明白、理解畅通了。《四书》《五经》讲的不过是心学，心学所说的是天理。明白了心学，天理就懂了。没有其他的方法，这也是学习的关键所在。

"心学"小课堂

人与人之间的差距是很大的，因此，单单从我们自己的角度去思考，很难完全明白对方的想法，体会对方的感受。与他人换位，就能理解对方需要什么，知道对方没能说出口的话是什么意思。这样就能做出更符合他人想法的举动，获得更好的人际关系。即便是在学习时，也能通过与文章作者、诗人换位思考，理解文章与诗歌的意思。

懂得换位思考，才能真正明白对方想要表达的意思。

"心学"小故事

张英是清代著名的文学家,也是清朝康熙年间的重臣。他的老家在桐城,府邸与一户吴姓人家相邻。

两家人的院落之间有一条巷子,供双方出入使用。随着吴家人口的增多,他们打算建新房,并占用这条巷子的面积。对此,张家人不同意。双方争执不下,闹到了当地的县衙。县官见两家人公说公有理、婆说婆有理,不敢轻易了断。

后来,张家人一气之下写了一封信给远在京城的张英,希望他能出面解决问题。张英了解事情始末后,在给家人的回信中写了一首诗:"千里家书只为墙,再让三尺又何妨?万里长城今犹在,不见当年秦始皇。"

张家人收到张英的家书后,仔细想想,吴家人确实不容易,就主动让出了三尺空地。吴家人见状,也不好意思再得寸进尺。他们站在张家人的角度想一想,确实不利于出行,便也主动让出了三尺地。

这条六尺宽的巷道,就是现今十分有名的"六尺巷"。

治病去根 才算痊愈

引经据典

病疟之人，疟虽未发，而病根自在，则亦安可以其疟之未发，而遂忘其服药调理之功乎？若必待疟发而后服药调理，则既晚矣。致知之功，无间于有事、无事，而岂论于病之已发、未发邪？大抵原静所疑，前后虽若不一，然皆起于自私自利，将迎意必之为祟。此根一去，则前后所疑，自将冰消雾释，有不待于问辨者矣。

古文今译

得了疟疾的人，即便还没有发病，只要病根还在，就不能因为不发病而不去服药调理。非要等到发病了再吃药调理，那就已经晚了。在致知上下功夫，不管有事还是没事都不能间断，哪里能等着病情发作再做呢？你的主要疑惑，虽然前后并不一致，但也都是自私自利、刻意追求的执着心形成的病根。在去掉这个病根以后，疑虑会自然消散，也就不用询问什么了。

"心学"小课堂

有一句俗语是这样说的："病来如山倒，病去如抽丝。"治疗疾病的过程是非常艰难的，如果不能去掉疾病的根源，治标不治本，疾病就会反复发作。我们解决问题也是如此，不能头痛医头、脚痛医脚，要学会找到产生问题的根源，一次性将其解决，避免将来反复发作。

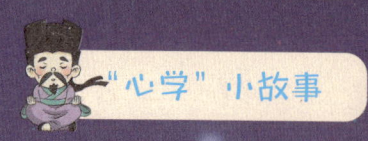"心学"小故事

公元199年,袁绍率领十万大军进攻许昌。当时,曹操正据守官渡,手下只带了两万多人马,两军隔着河对峙。

虽然袁绍和曹操兵力悬殊,但双方一攻一守,对峙了很长时间也没能分出胜负。人和马都是要吃饭的,时间一久,粮草的供应就成了问题。

这天,曹操收到消息,得知袁绍已经从河北调集了一万多车粮草,就囤积在大营以北四十多公里处的乌巢,还派了大将军淳于琼率军负责看守。有了这一万多车粮草的支持,袁绍大军就能再支撑一段日子了,但要是没了这些粮草呢?

曹操顿时就有了主意,决定来一招釜底抽薪,直接率军偷袭乌巢,把袁绍的粮草烧了!这样一来,没了粮草,袁绍大军也就只能乖乖退兵了。

当天夜里，曹操召集人马，选出五千精兵，下令让他们每人怀里都抱着一捆柴火，换上袁军的衣服，连夜抄小路奔向乌巢。一路上，只要遇到袁军盘问，他们就说自己是袁绍派遣增援的部队，竟然没有任何人怀疑。

曹军抵达乌巢后，立即将柴火集中起来，点燃了粮仓，将袁军的粮草付诸一炬。等到淳于琼发现不对，率军前来的时候，粮草都已经被烧成灰烬了。

袁绍大军得知这一消息后，顿时军心浮动。曹操趁势率领大军发起进攻，把袁军打得落花流水。

人贵有志 志贵于恒

引经据典

师门致知格物之旨，开示来学，学者躬修默悟，不敢以知解承，而惟以实体得，故吾师终日言是而不惮其烦，学者终日听是而不厌其数。盖指示专一，则体悟日精，几迎于言前，神发于言外，感遇之诚也。

古文今译

先生致知格物的主张，开导、点化了学习的人，学习的人亲身修习，默默领悟，不敢只是在文字上体会，而是切实体验才能有所得。先生终日讲学而不厌其烦，听讲的人终日听讲也不厌其烦。因为学说主旨专一，所以人们领悟得更加精确、细微。先生还没有讲到，弟子们已经知道要讲什么了，理解也超过言语之外，这充分体现了两者的诚心。

"心学"小课堂

学习讲究专一、专心。三心二意，不能专注于一件事情，哪件事情都不能做到最好。专心的时候，更能领悟事物的细微之处，理解就更加准确。

做事情，一次不成就两次，两次不成就三次，专心致志，总能有收获。

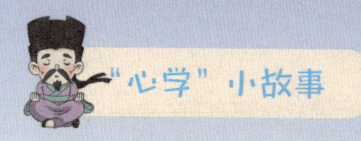
"心学"小故事

董仲舒是我国古代儒学大师,他小时候不仅聪明,还喜欢学习,经常因为读书把吃饭和睡觉都忘记了。他的父亲董太公心里可着急了,这孩子天天就知道学习,累坏了可怎么办?于是,就打算在家里修建一个花园,让孩子学累了的时候能去散散步,休息一下。

第一年,董太公在花园里种下了许多奇花异草,吸引来了许多蝴蝶、蜜蜂,还有小鸟。姐姐找董仲舒一起到花园里玩,董仲舒却摇了摇头,手里捧着孔子的《春秋》不肯放下。

第二年,花园里的假山建好了。不仅董仲舒的兄弟姐妹喜欢在花园里爬假山,就连亲戚、邻居家的孩子也忍不住诱惑,经常出入董家的花园。他们经常招呼董仲舒一起玩,而董仲舒只是委婉地拒绝了小伙伴的邀约,独自一人学习如何写作诗文。

第三年,花园建成了。亲朋好友纷纷来到董家欣赏,对精致的花园赞不绝口。董太公叫董仲舒去花园里玩,董仲舒点了点头,却还是放不下手中的竹简,专心致志地学习。

中秋节是全家人一起赏月、吃月饼的日子。董仲舒全家都在新修好的花园里吃月饼，大家有说有笑，别提多惬意了。但是，在众人之中依旧看不到董仲舒的影子。原来，在这人人都放松休息的节日，董仲舒趁着没人打扰自己，赶紧去找先生研究文章了。

随着董仲舒不断长大，过去的许多小伙伴更改了自己的志向。只有董仲舒，不仅坚持学习儒家思想，还把能找到的道家、阴阳家、法家的书籍都读了一遍。随后，他将这些知识融会贯通，形成了自己的思想。最终，他成了人人敬仰的儒学大师，就连皇帝都认可他的学说，用他的思想治理国家。

接纳良言才能确立真知

引经据典

宜其闻吾圣人之教时,而视之以为赘疣、骈拇。则其以良知为未足,而谓圣人之学为无所用,亦其势有所必至矣!

古文今译

当他们听到圣人的教诲时,就把它当成累赘、包袱。因此,他们认为良知并不完美,认为圣人的学问是无用之术,也是势所必然的了。

"心学"小课堂

不管是生活还是学习,都有很漫长的路要走。在路的前面,有前辈,有师长,还有比我们走得快的同学。他们走在前面,看得自然比我们更远。更何况,我们走过的路,他们早就走过了。当我们偏离中心、行差就错的时候,有人能出言规劝,这是许多人求之不得的。因此,分得清好话、坏话,能够虚心接纳批评,前面的道路就能平坦很多。

人要懂得听取别人的意见,才能不断进步。

 "心学"小故事

战国时期,墨家的领袖墨子有一个名叫耕柱的学生。耕柱头脑聪明,成绩优秀,可墨子经常因为一点点小事情就批评他,这让耕柱非常委屈。

一次,墨子又因为一件小事狠狠地批评了耕柱。耕柱终于忍不住了,说道:"老师,您的学生那么多,为什么总是严厉地批评我,难道我有那么不争气吗?"

墨子满脸平静,反问耕柱说:"我啊,打算坐车去一趟太行山,你说拉车的人用的是牛还是马呢?"

这种问题还用得着思考吗?耕柱马上就回答说:"就算是笨蛋也知道该用马来拉车。"

墨子又问耕柱:"那为什么不能用牛呢?"

耕柱想了一下,给出了解释:"马更擅长长途奔跑,去太行山的重任是牛所不能承担的,所以应该驱使马来拉车。"

墨子点点头,一副孺子可教的样子,说:"你说得对啊。就和用马拉车一样,我经常批评你,正是因为

你能够肩负重任,所以,我才要经常匡正你的得失,教导你做正确的事情。"

耕柱这才明白,老师经常批评他,不是因为不喜欢他,而是认为他有潜力变得更好,是真正疼爱自己。从那以后,墨子批评他的时候,他就用心思考,诚恳地接受批评。最终,他成为墨子思想的继承者,成了墨家的领袖。

即便没有人批评,我们每天也要自省。有人愿意花时间与精力指出我们的错误,就是对我们的关爱与帮助。因此,面对批评时,我们要虚心诚恳地接受,借此匡正自己的行为。

快乐与否 一念之间

引经据典

虽在忧苦迷弃之中，而此乐又未尝不存，但一念开明，反身而诚，则即此而在矣。每与原静论，无非此意，而原静尚有"何道可得"之问，是犹未免于骑驴觅驴之蔽也。

古文今译

虽然在烦恼中丢掉了快乐，但这不代表快乐不存在，只要一个念头想透彻了，回过头自然能找到并获得真正的快乐。我每次和你讨论的时候，说的都是这个意思，你却还是在问到底要如何寻找快乐。这显然是骑驴找驴啊！

如果询问别人有什么追求，会得到各不相同的答案。要是将这些答案进行分析，会发现它们本质上都是在追求快乐。对快乐的要求不同，决定了一个人是否能够快乐。有的人可能要成为世界首富才快乐，有的人吃饱穿暖就已经满足了。两者的快乐没有高低之分，只是那个要求更多的人更难快乐起来罢了。

世人苦寻快乐，却不知快乐一直在心里，只是物欲蒙蔽了双眼啊！

"心学"小故事

在东方的一个国度里,有一对贫穷而善良的兄弟,他们靠每天上山砍柴过着艰辛的日子。一天,兄弟二人在山上砍柴时,正好遇见一只老虎在追咬一个老人。兄弟俩奋不顾身地与老虎搏斗,终于从老虎口中救下那位须发皆白的老人。而这位老人是一位神仙,他念及兄弟俩的善良和勇敢,于是许愿帮助他二人得到快乐,并让他们每人点一样物品,作为送给他们的礼物。

哥哥因为穷怕了,想要有永远用不完的金银财宝,于是,神仙送给他一个点石成金的手指,任何东西,只要他用这手指轻轻一触,就会立即变成金子。哥哥如愿以偿地成了富人,买了房子置了地,娶妻生子,过着十分富有的生活。

遗憾的是,金手指也成了他的一种负担。因为,只要他稍一不小心,他眼前的人和物就会在瞬间变成冷冰冰的、没有生命的金子。他甚至把他最宠爱的小女儿也变成了金子。朋友们都对他敬而远之,家人们也小心翼翼地防着他。守着取之不尽、用之不完的钱财,哥哥说不出自己是快乐还是不快乐。

而弟弟是一个单纯的人,他希望自己一辈子快快乐乐。于是,老神仙给了他一个哨子,并告诉他:无论什么时候,无论遇到什么事情,只要轻轻地吹一吹哨子,他就会变得快乐起来。

弟弟还是像以前一样,过着艰苦的生活,仍然需要与各种艰难困苦进行抗争,仍然需要靠辛勤的劳动获取温饱。但是,每当遇到一些不称心如意的事情的时候,他就取出那只哨子,那动听的声音,就像一缕缕和煦的阳光,像一阵阵温暖的春风,驱走了他的忧伤和愁苦,给他带来快乐。

良知不容欺骗 君子当光明磊落

引经据典

不欺则良知无所伪而诚，诚则明矣；自信则良知无所惑而明，明则诚矣。明、诚相生，是故良知常觉、常照；常觉、常照则如明镜之悬，而物之来者自不能遁其妍媸矣。

古文今译

君子不欺诈，良知就是干净真诚的，就是光明的；君子能自信，良知就不会迷惑，就是干净的，就是诚信的。光明与诚信互相促进，良知才能常觉、常照。常觉、常照就如同高悬在堂的明镜一样，万事万物都不能遮掩其原本的美丑。

"心学"小课堂

因为良知影响到个人品行的方方面面，所以不难从一些小事上看出一个人的品行。千万不要觉得在一些小事上有不光明正大的行为不要紧，这样不仅会养成不好的习惯，更会让其他人以小见大，认为你是个品行糟糕的人。与人交往也是如此。发现某人在小的方面不诚信时，千万不要觉得没什么大不了的，他很有可能在面对大事的时候同样做出不好的选择。

身正不怕影斜，正直就是我们为人处世的底气。

"心学"小故事

吕元膺是唐朝时期一位以性格耿直出名的官员,他在洛阳做官的时候,很多隐士、名流愿意和他交朋友。

一次,吕元膺和一位隐士下棋,突然下属送来一些文件要他批阅。他的眼睛就暂时离开棋盘,拿起笔来。隐士此时处于劣势,又发现吕元膺眼睛没有看着棋盘,就偷偷地换了一颗棋子。吕元膺批阅完文件,继续与隐士下棋,果然因为那颗被换掉的棋子输了。

吕元膺真的不知道吗?他早就把隐士换棋子的行为看在眼里,只是为了隐士的面子,没有声张罢了。第二天,吕元膺就请隐士到其他地方去了。其他人不明所以,两人明明好好的,怎么就把隐士请走了呢?隐士却心知肚明,吕元膺没有说出来,给他留足了面子。于是,他临走前,给吕元膺留下一份很贵重的礼物。

十年后，吕元膺病重，他将后辈子侄都叫到了床边，语重心长地说："选择交什么样的朋友，应该仔细、谨慎。当年我在洛阳做官的时候，有一位隐士跟我下棋，他趁着我批阅文件，偷偷换了一颗棋子。他偷换棋子我并不在意，但由此可以看出这人的品格不好，就不能和他成为关系紧密的朋友。这一点，你们一定要记住。"

吕元膺临终前教育子侄的肺腑之言是很有参考价值的。从生活中的一些小事，我们能够分辨一个人的品行。所以，不管是看人还是做人，不管是大事还是小事，都要光明磊落，不要欺骗他人。

不心存刻意
不自寻烦恼

引经据典

吾辈用功，只求日减，不求日增。减得一分人欲，便是复得一分天理。何等轻快脱洒！何等简易！

古文今译

我们用功，只求一天天减少内心私欲，不求一天天增长，减去一分内心的欲望，便是恢复一分天理，这是多么洒脱、多么简单易行的啊！

"心学"小课堂

心性的好坏远比知识的多少更加重要，培养出良好的心性，最重要的就是不自寻烦恼。有些事情已经发生，再去烦恼也毫无意义，不如先做好手头的事情再处理。越是自寻烦恼，心头的事情就越多，心情也会随之浮躁起来。到时候，别说其他的事情解决不了，就连手头的事情也难以做好。

每天能修补一分不足，便是最大的收获了！

"心学"小故事

　　隋朝有个名叫牛弘的大臣,位高权重,才德兼备,就连隋文帝都很敬佩他。

　　牛弘有个弟弟,名叫牛弼。此人与哥哥性格大不相同,不仅喜欢饮酒,还经常在酒后做出一些荒唐事。

　　一次,牛弼喝醉了酒,居然把牛弘车驾上的一头牛用箭射死了。牛弘刚回到家,他的妻子就急匆匆地来告状,说:"不得了了,小叔子喝醉了酒,射死了一头牛!"牛弘听了毫不在乎地说:"没事,把牛肉腌制成牛肉干就好了。"

　　牛弘的妻子腌制好了牛肉,还是觉得这是个了不得的大事,就又在牛弘面前提起牛弼杀牛的事情。牛弘的情绪依然没什么波动,他淡然地说:"牛肉腌好了吗?再把剩下的做成汤吧!"他表情温和,眼睛始终没有离开过手上的书。

　　见丈夫如此大度,牛弘的妻子感到很愧疚,再也不提牛弼杀牛的事情了。牛弼听说了此事,也被哥哥的气度所感动,之后再很少酗酒闹事了。

过去的事情是无法扭转的,就如同被牛弼射死的牛一样。去在意、去追究,也没办法让牛起死回生,只能因此破坏了自己的心情,无端为自己增添烦恼。不纠结于无可挽回的事情,以平和冷静的心态收拾残局,然后继续前进,这才是处理问题的正确方式。

不怨天不尤人

引经据典

会稽素号山水之区。深林长谷，信步皆是，寒暑晦明，无时不宜。安居饱食，尘嚣无扰，良朋四集，道义日新，优哉游哉！天地之间宁复有乐于是者？孔子云："不怨天，不尤人，下学而上达。"仆与二三同志方将请事斯语，奚暇外慕？

古文今译

会稽素被称作山清水秀的地区。茂密的树林、幽深的峡谷，随处就能看到，不管是寒暑还是阴晴，天气都非常宜人。这里的人们生活安定，衣食无忧，没有世俗的打扰，只有好朋友在此聚集，切磋道义，每日都有好的见解，太自在了，天底下还有比这更好的吗？孔子说，不怨恨上天，不责怪别人，下学人事，上达天命。我跟几位朋友遵照孔子的教导，哪里有时间想着外面的事情呢？

"心学"小课堂

人的一生很长，谁还能不碰见几件不顺心的事情呢？谁还能不经历人生的低谷呢？既然事情已经发生，不管是埋怨时运不济还是他人对自己的影响，都是毫无意义的。与其满心怨愤，不如洒脱一些。只要行得正，坐得端，不愧对他人，不愧对自己就行了。

遇事不要怨天尤人，而应该想办法去解决。

"心学"小故事

北宋时期,苏轼因为反对王安石变法,触怒了皇帝,被贬到黄州。黄州的生活十分艰辛。苏轼为了吃饱,甚至必须亲自开垦农田、种植果树。短短两年时间,一位白面书生、朝廷大员,就变成了"日炙风吹面如墨"的老农。即便如此,苏轼依旧保持良好的心态,从不怨天尤人。

一天,苏轼带着全部积蓄打算去附近村子买一块农田,让全家过得好一点儿。没承想,走到半路,天空突然下起了大雨。几个和他一起出来的朋友,马上就慌了手脚。他们有的到处观望,寻找能躲雨的地方;有的赶紧把手头的东西举过头顶,希望能挡住大雨,让自己不被淋湿;还有的钻进旁边的树林里,结果却踏进污泥之中,显得十分狼狈。

朋友们纷纷招呼苏轼,让他也找个地方躲雨。苏轼虽然没有雨伞、雨衣,却丝毫没有慌张。面对朋友的招呼，他充耳不闻，在大雨中慢慢走着，好像在欣赏大雨中逐渐被雾气笼罩的山林。

雨慢慢地停了，山风吹来，苏轼感觉到了一丝凉意。此时，他突然来了灵感，创作出了千古名篇《定风波·莫听穿林打叶声》：

莫听穿林打叶声，何妨吟啸且徐行。

竹杖芒鞋轻胜马，谁怕？一蓑烟雨任平生。

料峭春风吹酒醒，微冷，山头斜照却相迎。

回首向来萧瑟处，归去，也无风雨也无晴。

人生不可能风平浪静，即便一时不慎，落入低谷，也要有不怨天、不尤人的精神。一根竹杖，一双草鞋，一身轻松，只要问心无愧，就可以无所畏惧。

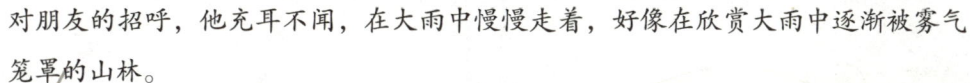

顺其自然 心宽则世界广大

引经据典

如今于凡忿懥等件，只是个物来顺应，不要着一分意思，便心体廓然大公，得其本体之正了。

古文今译

现在，对于愤怒、恐惧等情绪，只要顺其自然，不过分在意，自然可以做到心胸宽广，大公无私，进而保持心的中正。

"心学"小课堂

每个人在不同的阶段，影响力也不一样。应该忧心多大的事情，要根据影响力来决定。不如意的事情发生时，可以尽力去改变。无法改变的时候，应该放宽心态，顺其自然。越是急切，就越是深陷其中，难以从更大的角度看问题，找到解决之道。放宽心胸，世界自然就大了起来，反而能将事情看得更清楚。

心胸有多宽广，世界就能有多开阔。

"心学"小故事

　　山中有一座小庙，庙内住着师徒二人。这月月初，师父交给徒弟一只大碗，吩咐他下山去打些油，并叮嘱道："小心一点儿，别将油弄洒，我们这一个月的菜就靠它了。"

　　徒弟应声而去。回来时，他脑中一直想着师父的叮咛，双手紧捧，眼睛盯着油碗，小心翼翼地走着。可不知为何，他越是小心，手中的碗就晃得越厉害，等回到庙中，油已经洒了近三分之一。师父见状，生气地指责徒弟："你怎么连这点儿小事都做不好？油洒了这么多。"

　　受到师父的责备，徒弟感到很委屈，却又不敢反驳。

　　第二个月，师父又吩咐徒弟去买油。情况依旧与上次一样，徒弟生怕再出现什么问题，眼睛一刻也没有离开油碗。可就是这样，油还是洒出很多，急得徒弟眼泪直在眼圈中打转。到了庙门，因为只顾看着油碗，徒弟冷不防被门槛绊了一下，结果碗碎了，油没了。当然，徒弟免不了又要受到一番责备。

　　不过生气归生气，油总是要吃的。于是，师父只得吩咐徒弟再下山一趟，但这次他改变了说话的态度："你记着，回来时多观察路上的人与物，然后把看到的一切告诉我。"

徒弟皱皱眉，但还是领命下山去了。回来时，他遵照师父吩咐，一路边走边看，不知不觉已入了庙门。这时他才发现，手中的油碗还是满满的，一滴也没有洒。

如果过分紧张某一事物，紧盯着不放，往往会因为过度紧张而导致事与愿违。其实，只要坦然一点，移开自己紧盯着"油碗"的眼睛，顺其自然地去做，大多会出现不错的结果。

心之所想 力之所及

引经据典

只念念要存天理，即是立志。能不忘乎此，久则自然心中凝聚。犹道家所谓"结圣胎"也。此天理之念常存，驯至于美大圣神，亦只从此一念存养扩充去耳。

古文今译

所谓立志，就是一心牢记不忘存天理。如果将这一点牢记于心，时间久了，天理自然会凝聚在心里。这就像道家说的"结圣胎"。只要把天理的意念时刻记在心里，渐渐就能达到孟子所说的宏大、神圣的境界，保持人的本心，扩充人的善性。

"心学"小课堂

时势造英雄，为什么有些人成了英雄，有些人则没有呢？时势难道是不公平的吗？当然不是。时势是一种机会，而机会总是留给那些有准备的人。心里总是想着、念着，始终不肯放弃志向，那么，机会到来的时候，自然能在第一时间抓住，原本遥不可及的梦想，就能在机会到来的时候有了实现的可能。

把目标刻印在心里，时刻牢记。

"心学"小故事

西汉时期,有个年轻人名叫班超。他从小就有报效祖国的志向,读了不少书,还写得一笔好字。他的哥哥在朝中做官,他就随着母亲来到洛阳,为官府抄写文书。

抄写文书的工作并不轻松。早上天不亮,班超就要起床抄写,一直到深夜,抄完后才能睡觉。这份工作非常忙碌,但却不能让班超实现保家卫国的理想。特别是当时北方的匈奴,经常侵略汉朝边境,劫掠百姓。

一天,班超在抄写文书的时候,越写越觉得憋闷,越写心思越不在抄写上。这样从早到晚做抄写的工作,何日才能去边疆保家卫国,击退匈奴让百姓不再受侵扰?于是,他站起身来,将笔狠狠地摔在地上说:"男子汉大丈夫,即便不能把敌人挡在国门之外,也应该如同张骞那样,为国家的外交事业做出贡献,一直做这些抄抄写写的事情,简直是在浪费生命!"

跟班超一样做抄写工作的人都笑话他,班超却回答说:"凡夫俗子又怎能明白仁人志士的胸怀?"说完,他真的辞去了抄写的工作,抛去书生的身份,开始磨炼自己的武艺。

几年后,班超投身军营,成为一名军官。他率领麾下的士兵,几次击败侵犯边疆的匈奴军队。他觉得遭受匈奴侵扰的国家有很多,大家应该联合起来,才能一劳永逸。朝廷接受了他的意见,任命他为外交官,前往西域。班超带着几十人,成功打通了丝绸之路,联合了诸多小国,屡屡挫败匈奴人的阴谋。就这样,始终怀抱理想的班超,从一个每天抄抄写写的小官变成我国历史上杰出的外交家,为后人所铭记。

不做情绪的奴隶

 **引经据典**

却是诚意，不是私意。诚意只是循天理。虽是循天理，亦着不得一分意。故有所忿懥好乐，则不得其正。须是廓然大公，方是心之本体。知此即知"未发之中"。

 **古文今译**

这是内心真诚的本意，不是自私欲望的本意。诚意就是遵循天理。尽管遵循天理去做事，也不能添加一分私意。因此，心中有一丝激愤、怨恨、喜欢、高兴，受这些情绪影响，就不能保持中正平和了。人应该心胸宽广，大公无私，这样才是内心最初的本质。明白这些，也就明白什么是"未发之中"了。

人们常说"当局者迷，旁观者清"，在旁边观看事情的人，总是能比当局者看得更清楚。为什么会出现这样的情况呢？主要原因是当局者往往受到各种情绪的影响，在情绪波动中丢失了本心。只有保持冷静，不带情绪地看待事情，才能做出客观的评价和正确的选择。被情绪支配，做情绪的奴隶，只会让自己后悔。

 "心学"小故事

春秋时期,齐国有一个名叫宾卑聚的勇士,他武艺高强,性格勇敢,不管面对什么人,都不会退缩。一天夜里,他梦见一个很高大的人,身上穿着红色麻布衣服,头戴黑色帽子,脚上穿着一双黑色的鞋子,腰间佩戴一把宝剑。这个高大威武的汉子走在宾卑聚面前,大声地呵斥他,还将口水吐在他的脸上。宾卑聚突然惊醒,发现这原来是个梦。

虽然知道梦不是真的,但宾卑聚始终觉得自己被那个大汉羞辱了。第二天,他叫来了所有的朋友,跟他们描述了那个梦,又对朋友说:"我宾卑聚自幼就是个非常勇敢的人,六十多年来,没有受到过任何欺凌、侮辱,但是在昨晚的梦里,我被人侮辱了,心中实在气愤难当,难以忘记。我一定要找到那个在梦里呵斥我、向我脸上吐口水的人。"

宾卑聚咬了咬牙,又接着说:"要是在三天之内找到他,我就要向他复仇。要是三天之内没能找到,我也没有脸面活在这个世界上了。"

每天早上,宾卑聚都带着他的朋友站在大街上,看着来往的行人,寻找那个在梦里侮辱他的大汉。但梦就是梦,并不是真的,在梦里出现的大汉,又怎么可能在现实里找到呢?三天时间很快就过去了,别说梦里的大汉了,就连个长相相似的人都没有。宾卑聚垂头丧气地回到家里,长叹一声,拔剑自刎了。

人应该学会驾驭情绪,而不是被情绪驾驭。像宾卑聚这样的人,一味地被无所谓的烦恼支配,最终只能落得这样的悲剧下场。

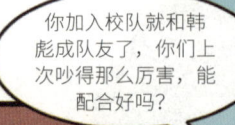
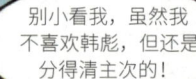

天理常在 做人需表里如一

引经据典

汝但戒慎不睹，恐惧不闻，养得此心纯是天理，便自然见。

古文今译

你只要在无人看到时仍然谨慎警戒，在无人听到时也有所敬畏，此心修养得纯为天理，这时你就有了真正的见解。

"心学"小课堂

人们做事情的时候，总要有个原因。不同的原因会让事情有不同的走向，得到不同的结果。有的人在学习的时候专心致志，即便没有他人看管，也能持之以恒，完成任务。有些人则不同，学习是应付老师，应付家长。有人看着他，就装模作样，没人看着就魂飞天外。然而，不管有没有人看着，最后的结果都能反映出你是否认真做了事情，做了好事还是坏事。所以，做事不能只看表面功夫，表里如一才能取得好的成果。

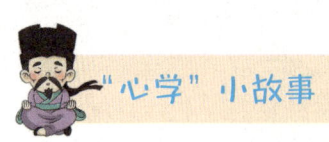

"心学"小故事

东汉有个名叫杨震的人,头脑很聪明,十分喜欢读书。他在家乡开办了一所学校,对每个学生,不论贫富他都非常用心。后来,他的许多弟子成为优秀的官员,他也因此声名鹊起。

大将军邓骘听说了杨震的事情,很敬重他的为人,于是就请杨震到他的府中担任官员。不久,他又推荐杨震做地方官。杨震踏入官场后,凭借自己的才学和人品,步步高升。没多久,他就当上了朝中最有权势的太尉。

在杨震做地方官的时候,发生过这样一件事情。杨震前往东莱的时候,在昌邑县做短暂的休整。昌邑县的县令王密,当年就是因为杨震的提拔才当上了官。多年以来,他始终没有机会报答杨震的提携之恩。如今,杨震住在昌邑县,他就决定好好报答当年的恩人。

白天,王密来到杨震的住所拜见杨震,表达了自己的感激之情。到了晚上,王密翻来覆去睡不着,总觉得这几句话不足以报答恩情。于是,他悄悄准备了十斤白银,打算送给杨震。

趁着夜色,王密来到杨震的居所,将一个沉甸甸的包袱递给杨震。杨震打开一看,里面是满满的白银,又把包袱系上,放回王密手里。王密还要说什么,杨震却抢先一步说:"王密,咱们都是老朋友了,我了解你的为人,你怎么不了解我的为人呢?"

王密压低声音对杨震说:"杨大人,现在可是深夜,你就收下吧,谁都不会知道的。"

杨震摇摇头,义正词严地说:"虽然是深夜,但是天知、神知、你知、我知,怎能说没人知道呢?"

杨震表里如一的做派深深震撼了王密。他深感惭愧,只好灰溜溜地走了。

自知之明是难得的见识

引经据典

今欲去此之蔽,不知致力于此,而欲以外求。是犹目之不明者,不务服药调理以治其目,而徒伥伥然求明于其外,明岂可以自外而得哉?任情恣意之害,亦以不能精察天理于此心之良知而已。此诚毫厘千里之谬者,不容于不辨。

古文今译

如今,想要消除这一毛病,却不懂得向内求索,反而一再向外探求,就如同眼睛生病看不清事物,不吃药调理以治眼疾,反而一再到外界寻求光亮一样,怎么可能找得到光亮呢?放纵自我的坏处,究其根本也是因为不能在本心良知层面寻求天理。这些容易差之毫厘、谬以千里的问题,必须加以明辨。

"心学"小课堂

俗语道:"人贵有自知之明。"自知之明是傲慢的克星,是骄傲的冷却剂。人有了自知之明后,就很难落入陷阱。他人的激将法,自己的冲动,都会在自知之明中得到理智的答案。不做超出能力范围的事情,既不会丢脸,也不会受伤。因此,自知之明是非常宝贵的本领和难得的见识。

"心学"小故事

清朝时期,有人告诉乾隆皇帝,顺天府考试的大殿上挂了一个牌匾,上面写着"至公堂"三个大字。这三个字,是明朝时期大奸臣严嵩写的。顺天府是距离紫禁城最近的区府,考试的地方也是按照最高级别布置的。在这样一个为国家选拔人才的地方,挂着大奸臣写的牌匾,恐怕不太好。

乾隆皇帝一听，觉得很有道理。如今人才济济，难道还找不出写字比严嵩好的人吗？更何况，他平日里也喜欢写些文章、诗词，更别说多年以来他临摹颜真卿、柳公权、赵子昂、董其昌等书法名家的贴子，对自己的书法水平很有信心。

于是，乾隆皇帝颁下圣旨，要求满朝大臣都写一份"至公堂"的大字，明天交上来，选一篇最好的用来替代严嵩写的牌匾。

第二天，乾隆皇帝兴冲冲地拿来所有大臣的作品，与严嵩写的牌匾进行对比。"这个不行，这个也不行……哎呀，怎么连他也不如严嵩，别人不都说他的书法天下第一吗？"乾隆选了半天，居然没有一个能比严嵩写得更好的。于是，乾隆命左右铺开纸张，研好磨，亲自提笔上阵。

他笔走龙蛇、挥毫泼墨，马上就写好了。与严嵩的一比，他发现也远远不如。"肯定是我刚才没有发挥好。"他又提起笔写了一张，结果还是远远不如严嵩写的。他连着写了十几张，越写越糟糕，到了最后，只能放下笔，承认自己在书法上难以与严嵩媲美。他下令毁掉包括自己在内的所有作品，依旧让严嵩写的牌匾挂在顺天府。

以乾隆皇帝的身份，只要他说自己的作品或者哪位大臣的作品比严嵩的更好，相信全天下的人都不会反对，毕竟严嵩是前朝的，还是人人唾弃的奸臣。但是他依旧能克制住欲望，就事论事去评价究竟谁的作品更好。或许，正是因为有这份自知之明，他才能够成就"康乾盛世"。

放松才能过得轻松

引经据典

父之爱子，自是至情。然天理亦自有个中和处，过即是私意。人于此处多认做天理当忧，则一向忧苦，不知己是"有所忧患，不得其正"。大抵七情所感，多只是过，少不及者。才过便非心之本体，必须调停适中始得。

古文今译

父亲关爱孩子，自然是最真挚的感情。但是，天理也有个中正适度，一旦超过这个限度，就会成为私欲。绝大多数人在这个时候，依照天理会伤心忧愁，然而一味地忧愁痛苦，殊不知自己已经陷入"悲伤过度，不能保持天理中正平和"的状态。通常来说，人的七情六欲一旦出现，往往只会过分地多，很少有不足的。然而，只要过分，便不再是心的本体，一定要通过调节才能达到适中。

"心学"小课堂

活得轻松是一项难得的本领，不仅先天很难获得，后天也很难学会。影响人们难以轻松的根本原因，就是人们不愿意放松，对任何事情都绷紧神经，所有事情都逼自己做到最好，经常沉溺于各种负面情绪中不能自拔。只有放下执着，放下贪婪，放下过去，才能学会放松，活得轻松。

任何东西都要适度，否则只会成为负担。

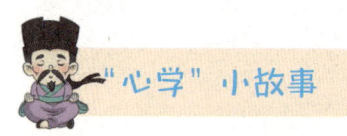 "心学"小故事

古时候,有个穷小子,从小吃尽了没钱的苦,努力了半辈子,终于成为远近知名的大富翁。他一直以为自己过得不快乐是因为没钱,但成了大富翁以后却依旧不快乐。为了寻找快乐,他背上一个装满金银财宝的大包袱,满天下去寻找快乐。

富翁走遍千山万水,花了不少钱,却始终没有找到想要的快乐。一天,他来到一座偏远的山上时,再也走不动了,垂头丧气地坐在山路旁,看着慢慢落到山后的夕阳。这个时候,一个砍柴回家的樵夫从山中走出来,询问富翁为什么满脸沮丧地坐在路边。

富翁哭丧着脸对农夫说:"我是个有钱人,人人都羡慕我,觉得我很快乐,但只有我自己知道,我一点儿都不快乐。这到底是为什么呢?"

樵夫看看富翁,将柴从自己的肩膀上放下,擦了擦汗水说:"我把肩上的东西放下就很快乐啊。"

富翁看了看自己背上的包袱，马上就明白了。自己一路走来，不仅要背着沉重的包袱，还终日提心吊胆，担心有小偷盯上自己，有强盗想要抢自己包里的金银财宝，住店还要担心会不会是黑店，走路专门选人少的小路走。这样过日子，怎么可能快乐呢？

富商回家后，经常拿出金银财宝接济穷人，做了很多善事。久而久之，他的财富越来越多，他自己却已经不在乎了，因为他已经通过放下找到了真正的快乐。

毁誉皆是身外之物

引经据典

先生曰:"毁谤自外来的,虽圣人如何免得?人只贵于自修,若自己实实落落是个圣贤,纵然人都毁他,也说他不着。却若浮云掩日,如何损得日的光明。若自己是个象恭色庄、不坚不介的,纵然没一个人说他,他的恶终须一日发露。所以孟子说'有求全之毁,有不虞之誉'。毁誉在外的,安能避得,只要自修何如尔。"

古文今译

先生说:"诽谤是外面施加的,就算圣人又怎么避免得了?人最珍贵的地方在于自身修养,如果自己真的是圣贤,就算有人诽谤他,也不能说倒他。这好比浮云遮住了太阳,怎能折损太阳的光芒?如果自己是个外表谦虚庄重、实则内心不坚定的人,就算没有人诽谤他,他的恶念终有一天会暴露。所以,孟子才说:'有料想不到的荣誉,有苛求完美的诋毁。'诽谤和名誉都是外面施加的,怎么能躲避得了呢?所以,只能提升自我修养,以此来应对。"

"心学"小课堂

在成长阶段,我们不可避免地会渴望得到他人较高的评价,但其实,不管这些评价是好是坏,都不可能真正地改变你。与其在意他人的目光,不如做好真正的自己。

"心学"小故事

中国历史上有一位女皇帝,名叫武则天,当时的丞相就是著名的狄仁杰。狄仁杰当上丞相之前在豫州做刺史。他很会办案,任何不法的事情都逃不过他的火眼金睛。豫州百姓很爱戴他,称他为狄青天。

武则天见狄仁杰很有才华,百姓也爱戴他,就把他召回朝廷,让他做丞相。她听很多人夸赞狄仁杰聪明,不免产生怀疑。

武则天想:"人人都夸狄仁杰聪明,我倒是要考验他一下,看看他是大智慧还是小聪明。"

一天,退朝之后,武则天叫住了狄仁杰。她对狄仁杰说:"你在豫州做官的时候,百姓很爱戴你,你也做了很多利于百姓的事情。我听说了这些事情,才把你叫到朝廷做丞相,但是你当上丞相之后,怎么就有很多关于你的坏话传进我的耳朵里呢?"

狄仁杰不动声色地应了一声，表示自己知道了。

武则天见狄仁杰毫无反应，更加好奇，追问说："你就不想知道，到底是谁在说你的坏话吗？"

狄仁杰满脸严肃地说："人家说我的不好，如果确实是我的过错，我愿意改正；如果陛下已经弄清不是我的过错，这是我的幸运。至于是谁在背后说我的不是，我不想知道，这样大家可以相处得更好些。"

武则天被狄仁杰的气量所打动，不禁在内心感叹，这样不在乎诽谤也不在乎夸赞的人，才是真的有大智慧的人。

失败有时恰恰是因为想得太多

引经据典

"远虑"不是茫茫荡荡去思虑,只是要存这天理。天理在人心,亘古亘今,无有终始。天理即是良知,千思万虑,只是要致良知。良知愈思愈精明,若不精思,漫然随事应去,良知便粗了。若只着在事上茫茫荡荡去思,教做远虑,便不免有毁誉、得丧、人欲搀入其中,就是将迎了。

古文今译

"远虑"不是没有边际地思考,只是要存留这个天理。天理在人的心中,从古至今,无始无终。天理就是良知,千思万虑也只是为了致良知。人的良知是越思考越精明,如果不去细细思考,散漫地被事情牵着走,良知就会变得粗陋。如果只在事情上没有边际地思考,让人存有远虑,难免掺杂毁誉、得失、私欲,这就是所谓的迎合。

"心学"小课堂

人无远虑,必有近忧。做好计划和准备,总是能让事情变得简单。但是,远虑要有个限度。思考得越多,发现的问题就越多。这时候,做事情就会变得畏首畏尾,失去勇气。我们不可能做所有的准备,也就没必要将思考做到极致,否则不仅会浪费时间和精力,也未必能得到好的结果。

有时想得过多只会让你离成功越来越远。

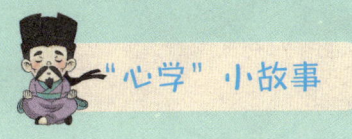

"心学"小故事

古时候,有两座高高的山峰,中间夹着一座峡谷。峡谷中间有一条湍流的大河,咆哮而过。峡谷是通过这里的必经之路,而在峡谷上,只有一座摇晃得很厉害的铁索桥。通过铁索桥是非常危险的,不少人在过桥的时候,一不小心就会跌落下去,被河水冲走。

一天,有三个人要走铁索桥通过峡谷。其中一个人耳朵听不见声音,一个人眼睛看不见东西,还有一个人是健康的。

第一个过桥的是耳朵听不见声音的人。他两手扶着铁索,双眼直直向前看去。这样,他就不会被桥下奔流的大河吓到,也听不进河水咆哮的声音。虽然受了不小惊吓,但好在他足够谨慎,小心翼翼地过了铁索桥。

第二个过桥的人是眼睛看不到东西的人。他像平时那样,双手紧紧攥住铁链,一步一步向前挪动。滚滚河水他看不见,轰隆隆的激流声,他也不知道代表什么。就这样,他像平时走路那样抵达了对岸。

那个身体健康的人,还没踏上铁索桥就已经被激流的咆哮声吓破了胆。他四处张望半天,实在找不到其他通路,才硬着头皮踏上了铁索桥。他每走一步,都要紧紧地盯着脚下的木板,生怕一打滑,自己就要跌入河水里。这时,天空突然传来一声鸟儿的鸣叫。他吓了一跳,赶紧抬头,没顾及脚下,直接跌落水中被冲走了。

听不见激流咆哮的人,只要抬头就能心态平和,忘记所有危险;看不见河水奔流的人,只要如同平日那样小心翼翼,就能轻易过河;只有听得见、看得着的人,不仅知道跌下去有多危险,还要想着除了河、桥之外的干扰,越想越多,越来越紧张,到最后,成了惊弓之鸟,只要一声鸟叫,就能让他手忙脚乱。想得太多,即便拥有他人没有的优势,最后也会输给自己。

知行合一 ②
行之所往

【明】王阳明◎原著　吕郦◎编著

中国画报出版社·北京

图书在版编目（CIP）数据

知行合一.2,行之所往／（明）王阳明原著；吕郦编著.--北京：中国画报出版社，2024.2
ISBN 978-7-5146-2357-4

Ⅰ.①知… Ⅱ.①王… ②吕… Ⅲ.①心学－研究－中国－明代 Ⅳ.①B248.25

中国国家版本馆CIP数据核字(2024)第012478号

知行合一.2 行之所往

[明]王阳明 原著　　吕郦 编著

出 版 人：方允仲
责任编辑：郭翠青
责任印制：焦　洋

出版发行：中国画报出版社
地　　址：中国北京市海淀区车公庄西路33号
邮　　编：100048
发 行 部：010-88417418　010-68414683（传真）
总编室兼传真：010-88417359　版权部：010-88417359

开　　本：16开（710mm×1000mm）
印　　张：9
字　　数：90千字
版　　次：2024年2月第1版　2024年2月第1次印刷
印　　刷：三河市天润建兴印务有限公司
书　　号：ISBN 978-7-5146-2357-4
定　　价：108.00元（全2册）

目录

学以致用，才叫学到东西 / 001

学问学问，边学边问 / 005

百尺高楼，也要根基 / 009

诚信，是立身处世的基点 / 013

学问没有止境，要深入探究 / 017

脚踏实地，三思后行 / 021

勇于创新，别让传统变成桎梏 / 025

大胆尝试，实践出真知 / 029

遇事不惊，深藏不露 / 033

以人为师，方能有所长进 / 037

因势利导，事半功倍 / 041

自己用心领悟，不要被人左右 / 045

掌握分寸，别把好事做出坏结果 / 049

细节决定成败，不可因小而忽视 / 053

有取有舍，要经得住诱惑 / 057

百年钻故纸，何日出头时 / 061

刚柔并济,才能左右逢源 / 065

通人情,懂事理,是为知机 / 069

别在追求得失时,迷失了自我 / 073

量力而行,别被自己压垮了 / 077

君子责人先责己 / 081

笨鸟先飞,早入翰林 / 085

在正确的时机,做正确的事 / 089

时刻准备着,行动要迅速 / 093

诸恶莫作,众善奉行 / 097

认清轻重缓急,不可舍本逐末 / 101

有了目标,一切都将井井有条 / 105

忍耐坚持,不为外物所动 / 109

修身养性,就是磨炼沉静功夫 / 113

成功不在难易,在于身体力行去做 / 117

用人不疑,疑人不用 / 121

战胜失败,要先承认失败 / 125

自查自省,是门修行 / 129

别光悔恨,有错就改 / 133

不慕虚名,正道而行 / 137

学以致用才叫学到东西

引经据典

学射则必张弓挟矢，引满中的；学书则必伸纸执笔，操觚染翰。尽天下之学，无有不行而可以言学者，则学之始固已即是行矣。

古文今译

学习射箭，就必须亲自到靶场张弓搭箭，拉满弓弦射中目标。学习书法，就必须拿出笔墨纸砚，执笔书写。天下所有的学问，就没有不用实践执行就可以称作学会了的。因此，学习的开始，就是实践执行的开始。

"心学"小课堂

学习的本质是什么？目的又是什么？是为了应付考试，还是为了让自己得到提升？其实，学习的根本目的是运用学到的知识，改变看待事物的眼光和思考问题的方式。因此，想要学得好，学到东西，就要学会运用知识，举一反三。死记硬背，只能说学到了背下来的内容，而不是真正学到了知识。

"心学"小故事

春秋时期,秦国的孙阳是远近闻名的相马专家。据说一匹马只要让他看上一眼,他就可以分辨出好坏。他还把自己的相马经验编成了书——《相马经》。

孙阳的儿子很小的时候,听到父亲给弟子们上课,也很想学到父亲的本领。但他从小就没有见过马长什么样子,更别说千里马了。

他听父亲读《相马经》里千里马的特征,就暗暗地记在了心里,心想:高脑门、大眼睛、蹄子像摞起来的酒曲块的就是千里马,自己一定能找到。

于是,他心里念着这些特征就出了门,这边看看,那边找找,远远就看到一只大蛤蟆。他又仔细看了看,心里暗暗赞叹:我太聪明了,这不就找到了吗?虽然蹄子不太像,但至少有两个特征像,那也是差不了的。

他抱起大蛤蟆就往家里跑,边跑边喊:"父亲,我找到千里马啦!"

孙阳正在给弟子讲课,听到喊声,大家一起看过去,只见孙阳的儿子抱着一只大蛤蟆,浑身都是河塘的泥,正乐呵呵地看着他们傻笑。

孙阳说:"千里马在哪里?"

小儿子举起大蛤蟆,回答道:"这不就是嘛!高脑门、大眼睛,只是……只是蹄子看起来不太像,我觉得没事儿!"

"哈哈哈……"孙阳大笑,"这只千里马跳起来还行,但是怎么骑呀?"

"哈哈……"弟子们也跟着大笑起来。

小儿子丢掉大蛤蟆,不好意思地摸摸头,说:"我是按你的《相马经》找的呀,竟然不对……"

学问学问
边学边问

引经据典

盖学之不能以无疑，则有问，问即学也，即行也；又不能无疑，则有思；思即学也，即行也；又不能无疑，则有辨，辨即学也，即行也。

古文今译

学习不可能没有疑惑，有了疑惑就应该有所发问，发问就是学习，学习也即实践。询问后还会有疑惑，就必须有所思考，思考即学习，就是实践。思考后还会有疑惑，就应该加以明辨，明辨就是学习、实践。

"心学"小课堂

学习知识，不能仅仅是表面上学会了，更是要将知识吃透，将来才能在使用的时候畅通无阻。那么，有了疑惑怎么办？有某句话不理解意思，怎么办？当然是要找其他人帮忙解答疑惑。老师、同学、家长，都是可以询问的对象。不要耻于发问，因为发问本身就是学习的过程，是学习的一部分。

做学问，就要多问。

"心学"小故事

古时候,有个小伙子总是时不时地头疼,有时不知道什么原因就头疼欲裂。他十分痛苦,四处求医。

村里的老医生对他说:"我听说华佗现在城中给人看病,你去找他看看吧!"

小伙子听到华佗的名字,很高兴,因为他早就听说华佗是神医,什么病在他手中都是药到病除。这位老医生已经给他看了很多次,每次都能缓解,但不能根治,恰好华佗来了,真是幸运呀!

小伙子高高兴兴地找到华佗。华佗仔细检查后,说:"你这是头风病,我可以给你开药,但药引不太好找。"

"什么药引?"小伙子问。

华佗严肃地说:"生人的脑子!"

小伙子吓了一跳,摇摇头,连药方也没要就离开了。

小伙子失望地回到村子里，找到老医生，叹口气说："我是没救了，神医说他能开药，但药引要用'生人脑'，这让我去哪里找呀！"

老医生听完，笑着说："你去将药抓了，我有办法。"

小伙子回来抓药，华佗觉得很奇怪，但也没有多问，就把药给了他。

几个月后，小伙子去城里给人进货，又遇到了华佗。他三步并作两步地跑过去，说："神医，多谢神医，您治好了我的头风。"

华佗上下打量了一遍小伙子，问："你这么精神，好了？生人脑找到了？"

小伙子哈哈笑说："我可不敢找生人脑，是老医生用十个戴了一年以上的草帽熬的药引。"

华佗听后，心里暗暗佩服，当天就找到老医生询问药引的事。老医生笑着说："药引是药之引，了解各种物品的病症效果，就没有必要拘于一种物品了。"

华佗听后越来越佩服，与老医生一起讨论了很多病症，并放下自己神医的身份，主动拜老医生为徒学了三年。老医生也不吝啬把偏方倾囊相授。

百尺高楼也要根基

引经据典

为学须有本原,须从本原用力,渐渐盈科而进。仙家说婴儿,亦善譬。婴儿在母腹时,只是纯气,有何知识?出胎后,方始能啼,既而后能笑,又既而后能识认其父母兄弟,又既而后能立、能行、能持、能负,卒乃天下事,无不可能。

古文今译

做学问要有基础,要从基础上下功夫,按部就班,循序渐进,学问才会有所进步。仙家用婴儿打比方,婴儿在母亲肚子里时,只是一团精纯的气体,有什么知识呢?出生之后,才会啼哭,然后能笑,后来又能认识父母、兄弟,再后来又能坐立、行走、拿、背,最后精通天下所有事。

"心学"小课堂

人们喜欢谈论高屋建瓴的内容,不愿意谈论那些简单、基础的东西。即便是那些名人、伟人,也是如此。那么,这是否说明高屋建瓴的东西才是重要的,是人们需要关注的呢?当然不是,基础的东西远比高屋建瓴的更加重要。人们之所以不谈论,不是忽视了这一部分,而是因为将这些基础内容默认为每个人都应该知道、已经了解的。所以,在追求更好的成绩前,要把基础打好。

"心学"小故事

清朝"康乾盛世"的开创人康熙虽然生在帝王家庭,但他从小就很用心地读书。据记载,他每天读书的时间有十几个小时。

八岁时,他继位做了皇帝,更是努力地学习,十几岁时就已经将"经史子集"背得滚瓜烂熟了。但是,他对于学习这件事从来没有放松过。

当时人们偏重于文学,对自然科学并不重视,但康熙却觉得自然科学也很重要,亲自向外国传教士学习,请他们轮流到养心殿给自己讲课。从这些人的讲解中,他不仅了解了外国的天文、历法,更学会了量法、测算,物理知识也是突飞猛进。

除此之外,康熙最大的特点就是从来不觉得自己是个高高在上的皇帝,只要他有不懂的东西,无论这人身份多低微,也会虚心求教。

一天,他准备召见民间有名的数学家陈厚耀,打算向他请教数学知识。礼部的大臣说:"陈厚耀没有官阶,不能召见,否则会失掉礼数的。"

康熙听后,换了身衣服,对礼部大臣说:"不宜召见,那朕就去见他,脱了龙袍,朕就是向他请教学问的学生。"

礼部大臣连连摇头,但也没有拦住康熙。

康熙从陈厚耀那里学到了很多数学知识,还听从陈厚耀的建议,编纂了一部《数理精蕴》。这本书是他亲自审阅草稿之后完成的,是集合了那个时代数学知识的一本百科全书,对后世研究数学提供了很大的帮助。

诚信是立身处世的基点

引经据典

"诚"字有以工夫说者。诚是心之本体，求复其本体，便是思诚的功夫。明道说"以诚敬存之"，亦是此意。

古文今译

有人从功夫的角度来阐述对"诚"的看法，认为诚是内心的本体，要恢复内心的本体，就是思想要诚的功夫。

"心学"小课堂

诚信是一个人的立身之本。人存在于社会之中，诚信是基本的道德依存，是儒家的传统伦理准则。

王阳明警示人们要以忠实诚信为行事准则，坚定做圣人的志向，不被名利诱惑，这样修养会越来越高，事业也会越做越大。

"心学"小故事

黄裳是南宋名人,学问深厚,因诚实守信而远近闻名。

一日,他去城外办事,晚上宿在了一家小客店中。因为赶了一天的路,他特别疲惫,进房间后便一头倒在床上准备睡觉。

就在他翻身的时候,感觉腰被什么东西硌了一下。他一把把床上的褥子、席子撩开,发现了一个布袋。打开布袋,他发现里面装着满满的珍珠。就在他拆袋子的时候,还滚出来两颗。黄裳赶紧捡起来装回袋子,又重新把布袋扎得紧紧的,生怕再不小心掉出去。

黄裳坐在床上,看着布袋,怎么也睡不着了。他想:这一布袋珍珠也不知道是谁丢的,或者那人很有钱吧,丢了就丢了,并不在乎;又或者失主也很着急,但就是记不起丢在了哪里。这一布袋珍珠如果拿去换钱,应该会换很多钱,我这么年轻,就可以得到一大笔钱,卖掉吧?不行!等失主,又要等到什么时候呢?……

他辗转反侧,经过了一番思想斗争后,下定了决心:一定要还给失主,如果卖掉换钱,自己会一辈子不安的。

第二天,他退店时对店主说:"如果有人来店里找珍珠,让他按这个地址来找我。"说完,他把家里的地址写下来,交给了店主。

大约过了一个月,有个人急匆匆地来到黄裳家,一脸为难地说:"我出门做生意才回来,听店主说珍珠在你这里。"

黄裳打量了一下那个人,说:"是的,我这里有珍珠,但是你为什么这么久才来呢?你有什么证据证明珍珠是你的呢?"

"你是想赖掉吗?我出门做生意了,现在才回来。"那个人更着急了。

黄裳想了一下,说:"那我们去官府吧,当面点清。"

"去就去,你是觉得珍珠贵重,不打算还给我了吧?"那人鄙夷地瞥了黄裳一眼。

黄裳并没有在意,带人来到官府。那人当着县令的面把珍珠的成色和数量说了出来,黄裳这才拿出珍珠说:"没错,是你丢的,我是怕有人冒领。"

丢珍珠的人这才明白黄裳的做法,不好意思地说:"对不起,您是一个讲信用的人,是我错怪您了。"

学问没有止境 要深入探究

引经据典

诸公近见时少疑问。何也？人不用功，莫不自以为已知，为学只循而行之是矣。殊不知私欲日生，如地上尘，一日不扫便又有一层。着实用功，便见道无终穷，愈探愈深，必使精白无一毫不彻方可。

古文今译

近日来，我见各位鲜少再问我问题，这是什么原因呢？你们不在学问上下功夫，难不成认为自己已经知道怎么做学问了？认为只要按照已知的方法去做就行了？殊不知，这只会让你的私欲日益滋生，好比地上的灰尘，一天不打扫，就会又厚上一层。真正去下功夫，才能发现圣道的学问是没有止境的，越是深入探究，越会觉得深奥，一定要做到精通、明白，不能有一丝一毫不明白的地方才可以。

"心学"小课堂

我们学习学的是什么呢？是表面的知识吗？加法学会了1+1，就只能知道1+1吗？学习知识是为了学会方法，使用这些方法为我们的生活增加便利。学会了1+1，重要的是学会了加法，进而解答其他关于加法的问题。所以，学习要深入研究，学会方法，而不要满足于学会解答表面的问题。

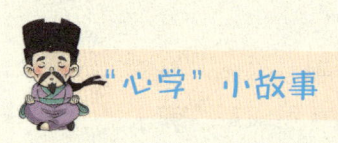

"心学"小故事

京师有一位非常出名的匠人,在他还是学徒的时候,曾跟着一位技艺高超的师傅学习。学了几年后,他觉得自己很厉害了,便打算自立门户。

就在他收拾行李准备跟师傅辞别的时候,师傅把他叫到身边,问道:"你感觉你现在的技艺如何?"

他骄傲地说:"我觉得已经可以用炉火纯青来形容了。"

师傅笑了笑,说:"你来装一碗石头给我吧,要把碗装满。"

他乖乖上前,端起大瓷碗,走到水池边的石堆前装了满满一碗石头。

师傅看了看碗问:"装满了吗?"

他说:"是的,已经装得很满了,再也装不进去了!"

师傅笑笑说:"还能往里面加些东西吗?"

"不能!"他不假思索地回答,"什么也装不进去了。"

师傅摇摇头,顺手抓起水池边的一把沙子,放到碗里。沙子顺着缝隙缓缓流到碗中。师傅又抓了几把,慢慢地,细沙填满了小石子的缝隙。

"现在满了吗?"师傅问。

他左右看了看,很仔细地晃了晃碗,确定碗里的沙子已经填满石缝后,说:"满了!"

"来!"师傅带他走到香炉旁,问:"你确定装满了?"

他看看香炉里的细灰,不知所措地问:"没满?"

师傅点点头,把香灰倒入碗里,又问:"满了吗?"

他忽然明白了什么，坚定地说："没满！"于是，拿起手边的水壶，把水缓缓倒入碗里。

师傅哈哈大笑，问："那你还走吗？"

他不好意思地挠挠头，说，"师傅，我不走了，我技艺不精，还有很多地方需要学习。"

之后，他更加勤奋，反复练习，终于成了京师有名的匠人。

脚踏实地 三思后行

引经据典

"思曰睿，睿作圣。""心之官则思，思则得之。"思其可少乎？沉空守寂，与安排思索，正是自私用智，其为丧失良知，一也。良知是天理之昭明灵觉处，故良知即是天理，思是良知之发用。

古文今译

"思曰睿，睿作圣。""心之官则思，思则得之。"怎么能不思考呢？不管是空守沉寂还是刻意思考，都是为了自己的私欲而使用智慧，是丧失良知的行为。良知就是天理通过灵感的显现，所以良知就是天理，思索是运用良知的方法。

"心学"小课堂

人是情感动物，遇到问题时，如果不能冷静思考，被情绪支配，难免会做出冲动的事情。快意恩仇只能痛快一阵，想要解决问题却是不行的。只有冷静下来，深入思考，才能看清局势，看清自己，看清本心。眼前和内心都一片清明的时候，做出的决定和判断才是正确的。

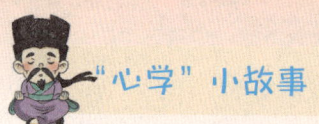 "心学"小故事

李诵是唐德宗李适的长子,是唐朝的第十一个皇帝,做太子时就有着雄心壮志,对治国安天下有着极大的抱负。

他看到唐德宗身边有了佞臣弄权、朝政混乱的时候,心里十分着急,连夜写了一封奏书,准备上书。

就在他准备将奏书交给唐德宗之前,他的幕僚拦住了他:"太子,您这是要干什么?"

李诵回答说:"你看这朝政如此混乱,我身为太子,怎能不去劝谏呢?"

幕僚说:"您可知帝王家的孩子不好做?"

李诵疑惑地看着幕僚，幕僚继续说："隋炀帝的太子杨暕您可记得？那一年父子二人去围猎，隋炀帝什么都没打到，但太子却满载而归，这让隋炀帝心生芥蒂，感觉太子想要压自己一头，之后找了一个机会把太子杀了。"

　　李诵听完说："父皇并不像隋炀帝那样残暴。"

　　幕僚低声说："但太子您冲动了，身为太子，首先要多尽孝，平日常问安，这朝政之事如果奏上去，是在暗示当今皇帝无能吗？"

　　"当然不是！"李诵赶紧说。

　　"那您是急着立功，去除异己，笼络人心吗？"幕僚又问。

　　李诵摇摇头，说："当然也不是。"

　　"那您着急参与朝政干什么呢？"幕僚轻轻问。

　　李诵这才醒悟过来，连连赞叹，遂收回奏书，重用了这个幕僚。

老师，我有问题！

老师，这题我不会做！

老师……

这道题和之前讲过的那道题是同一类型的。

遇到问题，要学会自己先思考，这样才能真正掌握知识和学问。

勇于创新
别让传统变成桎梏

引经据典

纵有传者,亦于世变渐非所宜。风气益开,文采日胜。至于周末,虽欲变以夏、商之俗,已不可挽。况唐、虞乎?又况羲、黄之世乎?然其治不同,其道则一。

古文今译

哪怕是流传下来的,因为环境变化也未必适合当下的社会了。随着历史发展,风气逐渐开化,文采日益昌隆。到了周朝末年,想要恢复夏朝、商朝之时的风俗,就已经不太可能了,又何谈唐虞时期,更何况是伏羲、黄帝时期呢?各个朝代的统治方法不同,但遵循的道是一致的。

"心学"小课堂

不同时代有不同的特点,在不违背道德、法律的情况下,不妨根据当前时代的特点大胆创新。一味地保守,岂不是活在过去,成了古人?

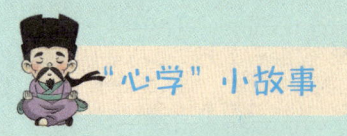
"心学"小故事

鲁班是春秋时期鲁国著名的木匠，他精湛的技术和设计至今流传。

一年，君王命鲁班建造一个巨大的宫殿，宫殿需要很多木料。鲁班接到任务后，就命弟子上山砍树。

当时砍树很费时费力，没有锯子，人们只能抡斧子砍伐。弟子们起早贪黑地砍，累得精疲力竭，一天也就砍一两棵树。这种效率完全赶不上工程的进度。鲁班心里很着急，便亲自上山查看砍树的情况。

山上地形复杂，鲁班刚爬上山就觉得手指疼了一下。他看了看手，原来手指被划破了，顺着手指的方向看去，小草的叶子上有点点血迹。

鲁班蹲下来，仔细看着那棵小草，小草叶子的两边长着许多小细齿。他用手指轻轻一摸，这些小细齿非常锋利，如果快速划过，一定能划破皮肤。

鲁班看看手指，又看看小草，忽然对这排小细齿很感兴趣。

回到家，鲁班正在研究着小草，突然一只大蝗虫"咻——"的一下从他眼前飞到了菜园里。鲁班跟着走过去，此时蝗虫已经停在菜叶上，正大口大口地吃着菜叶，菜叶上留下一圈弯弯

曲曲的痕迹。他抓起蝗虫，发现蝗虫的牙齿竟然也有像小草一样的细齿。

鲁班突然有了想法，他将大毛竹的边缘做出一排锯齿，在小树上拉了两下，小树马上被划出一道深沟。鲁班高兴极了，马上找到铁匠，做了几个与大毛竹一样有着锯齿的铁片，给了弟子。

两个弟子各拉铁片的一端，一棵树很快就被锯断了。大家欢呼起来，鲁班笑着说："创新就是好，省时又省力！"

大胆尝试 实践出真知

引经据典

如人走路一般。走得一段,方认得一段;走到歧路处,有疑便问。问了又走,方渐能到得欲到之处。

古文今译

好比人走路一样,只有走一段路,才能认识这一段路;走到岔路口时,如果有疑问,问了人再走,才能慢慢到达想去的地方。

"纸上得来终觉浅,绝知此事要躬行"。生活中的许多事情如果不亲身实践,是很难得出正确的结论的。特别是在这个信息时代,互联网上充斥着大量假的、一知半解的、半真半假的内容。如果不能亲身实践,这些东西只能是"我听说""好像""大概",而不是切实知道、能被确定的知识。与人谈论这些东西,会对他人造成误导。遇到紧急时刻,这些东西不仅不会帮助你,反而会成为你的麻烦。

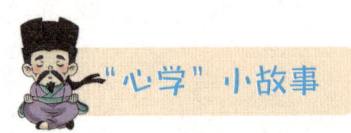 "心学"小故事

蛇，在中医看来浑身是宝，蛇胆、蛇心甚至蛇蜕都是很好的药材。当然，现在很多蛇都是受保护的野生动物，不能随便捉了。据说唐朝时，有个灵山产一种灵蛇，毒性很大，见血封喉。朝廷常常花大价钱收购，引得很多人不惜冒着生命危险也要去捉蛇。

这天，山脚下来了几个年轻人，他们就是奔着山上的灵蛇来的。附近的村民看到他们后，纷纷劝说："蛇的毒性太大了，被咬了就没救了，你们没有准备，不仅捉不到蛇，甚至会丧命。"

其中几个人听了村民的话后，没上山就放弃了，最后只剩下三个年轻人。

第一个年轻人在村子里住了一天后就匆匆忙忙地上山了，结果他既不懂蛇的习性，又不知道如何躲避，刚上山就中蛇毒死了。

第二个年轻人听到消息，心里又怕又慌，说要上山，却在村子和山之间走来走去，始终下不了决心。

第三个年轻人在村子里住了半个多月。这段时间里，他向村里人讨教捕蛇方法，了解蛇的习性，还学习制作了一些解蛇毒的药。充分准备后，他背着箩筐上山了。

接连过去好几天，他一直没有下山。就在村民以为他被蛇咬死了的时候，他背着一大箩筐蛇出现了。他高兴地说："谢谢你们教给我方法，我捕了一百多条，谢谢大家啦！"

年轻人进城将蛇卖给朝廷，获得了一大笔钱。他用这笔钱投资做起药材生意，其中最贵重的药材当然就是"灵蛇"。当地人都称他为"灵蛇大王"。

遇事不惊 深藏不露

引经据典

除了人情事变，则无事矣。喜怒哀乐非人情乎？自视听言动，以至富贵贫贱、患难死生，皆事变也。事变亦只在人情里。其要只在"致中和"，"致中和"只在"谨独"。

古文今译

除了人情事变外，就没有其他事了。人情不就是喜怒哀乐的情绪吗？除了自身的视力、听力、言语、行动外，像富贵、贫贱、患难、生死这些都是"事变"。事变包含在人情中，其关键在于心绪的中正平和，而达到中正平和的关键则是在独处时要谨慎不苟。

"心学"小课堂

我们是这个世界上最强大的人吗？是知道所有事情，能把每件事情都做好的人吗？当然不是，也没有人是。在人生的道路上，总是会碰到那些比我们更强大、走在更前面的人。这个时候，硬碰硬，大概率要迎来一场惨败。因此，遇到问题时，不要急于展露情绪，暴露自身实力。默默成长，暗中努力，等到能超越对手的时候，方可一击即中。

遇事不要惊慌，解决问题才是关键。

 "心学"小故事

一头驴子跟了农夫很多年,帮农夫干了很多活。

这天,驴子刚帮农夫运完一车粮食。卸掉粮车后,驴子觉得轻松极了,就在路边伸了伸懒腰,准备吃点儿草。在它找草的时候,一不小心就掉到了路旁被杂草盖住的井里。

井里又黑又暗,它害怕极了,吓得大喊大叫。

农夫听到喊叫声,站在井边说:"别急,我来救你!"驴子便安心地等农夫来救。它听到农夫在上边又是扔绳子,又是喊人,但大家都没有办法把那么重的驴子提上来。

这时,驴子听到农夫说:"算了,它现在也老了,不救了,大家帮我一起填土,一来把它埋起来,免得时间长了它难受;二来避免以后再有什么东西掉进去。"

驴子一听慌了，这是要把它活埋掉吗？它又喊叫起来，但是根本没用，没人能听懂它的话，这时已经有一些土从井口落下来了。

它哭喊了一会儿，觉得泥土已经埋到了自己的蹄子，便抬了一下。突然，它发现自己可以站在泥土上，于是把四只蹄子都从泥土中拔了出来。此时，它也不喊不叫了，专心地抖着身上的泥土，拔着蹄子。

当地面上的人们听不到驴子的叫声时，以为已经把驴子埋起来了，伸头往井里一看，驴子正专心地踩着土，而此时的它离井口越来越近了。

以人为师 方能有所长进

引经据典

"舜察迩言,而询刍荛",非是以迩言当察、刍荛当询,而后如此,乃良知之发见流行,光明圆莹,更无挂碍遮隔处,此所以谓之大知。才有执着意必,其知便小矣。讲学中自有去取分辨,然就心地上着实用工夫,却须如此方是。

古文今译

舜在弄清楚那些简单的话的时候也要加以思考,并向樵夫请教,这并不是说浅显的话应该去思考,而是舜认为向樵夫请教才是对的。这就是舜的良知起了作用,他的良知光明圆净,没有一点障碍和遮蔽,这就是真正的大智慧。如果完全是自己一个人琢磨,那么智慧就小了。在讲学的时候,自然会有属于自己的取舍和分辨,想要脚踏实地、用心地做学问,就必须这样。

"心学"小课堂

人类的大脑相差无几,但因为所处环境、接触知识的不同,产生的想法大不一样。与人分享苹果,一人只有一半;与人分享思想,每人都能有两种。所以,在学习的过程中,与他人分享心得,就能让两个人都有进步。因此,多向身边的人学习,多与身边的人分享心得与思想,是能够快速进步的有效方式。

每个人身上都有值得你学习的优点。

 **"心学"小故事**

西汉时期,班超在漠北任职的三十年间,西域各部族都老老实实的,从来不敢轻举妄动,皇帝封他为"定远侯"来表彰他的功勋。

班超年老体衰,皇帝便派任尚接替他的职务。

任尚接到任务后还是比较谦虚的,他特意拜访班超,请教经验,班超也是倾囊相告:"西域部族纷杂,各国还未开化,管理时不要太认真;边境人民也很复杂,不能一板一眼,尽量大事化小、小事化了,不能太严苛。"

任尚听完,皱着眉头反问:"您这么多年就是这么含含糊糊治理的?这能有什么作为?这样一天天瞎混,哪里对得起俸禄!"

班超笑笑,回答说:"看你是一个刻板的人,你亲自做一做就知道了,水太清了,鱼就没有啦!"

任尚嘴上答应,但心里还是觉得班超说的话很过分。他想:这么大一个人物,这是教了我些什么呀,太令我失望了!

任尚上任后,开始修改法规制度。当地官员劝他不能这么严厉刻板,但他还是不听。没多久,西域频繁出事,一些部族起兵造反,安定了三十多年的西域又陷入混乱。此时,任尚才明白班超的话是什么意思,但是局面已经没有办法收拾了。

因势利导 事半功倍

引经据典

凡此皆所以顺导其志意，调理其性情，潜消其鄙吝，默化其粗顽。日使之渐于礼义而不苦其难，入于中和而不知其故，是盖先王立教之微意也。

古文今译

这些事情都顺应孩童的天性，引导他们的志向，调理他们的性情，在潜移默化中消除他们性子中顽愚的部分。这样的教育会让他们逐渐适应礼仪，性情也会在调理中变得平和。这才是先人推行教育的根本目的。

"心学"小课堂

风有方向，水有流向，植物、动物也有自己的成长时间。这些都是大自然的规律。按照规律种植庄稼、饲养动物，才能让庄稼茁壮成长，动物繁衍生息。违背自然规律，可能花上一两倍的力气也达不到效果。我们做任何事情都要尽量按照规律进行，达到事半功倍的效果。

顺应天性，因材施教，这才是最好的教育方式。

"心学"小故事

尧帝在位时,黄河流域时常发生水灾。一到雨季,人们便诚惶诚恐,看着庄稼被淹、房子被毁,一点儿办法都没有。

一发生水灾,人们只能选择往高处搬,但一些毒蛇猛兽也往高处跑,人牲时常被伤,叫苦不迭。

尧帝很重视治理水灾,曾经派鲧去治水,结果鲧花了九年的时间都没有把洪水治理好。

尧帝问:"鲧是用什么办法在治水?"

鲧回答说:"水来土掩,我已经把堤坝筑得很高了,但我筑得越高,水越大,实在是没有办法呀!"

后来,舜代替尧做了部族首领。他一直对鲧的治水方式存在疑问,在一次大灾后,他发现鲧不但没有治好水,反而让水更汹涌了,一气之下把鲧杀了。

鲧死后,禹便接了治水的任务。他总结了鲧的经验,实地勘察水势后换了一种治水方法。

他没有在水来的方向筑坝,而是把一些堵着的地方疏通开,引导水从高处向低处流,把水引入河道,由河道引入湖泊,最后由湖泊汇入大河。从那以后,人们再也没有受到过水灾的威胁。

舜帝看到禹的治水法,很是赞赏,说:"堵不如疏,果然这才是最好的治水办法呀!"

自己用心领悟 不要被人左右

引经据典

夫学贵得之心，求之于心而非也，虽其言之出于孔子，不敢以为是也，而况其未及孔子者乎？

古文今译

做学问最重要的是用自己的心去体悟。自己的内心都不能相信这样的说法，即便是孔子说的，我也不敢确定就是对的，更何况那些比不上孔子的人呢？

"心学"小课堂

同一个问题，每个人都从自己的角度出发，只能得到独属于自己的答案。硬套到他人身上，可能有效，但未必就能达到最好的效果，未必就是最合适的。要学会独立思考，遇到问题时找到那个最合适自己的答案。一味听别人，不断因为别人的话而改变自己的观点，即便解决了问题，也很难从中学到东西。

"心学"小故事

农夫带着小儿子高高兴兴地去集市。

"呀?快看,快看!"几个人在路旁指指点点,其中一个冲着农夫大喊:"哎!你们是傻瓜吗?有驴不骑牵着走!"

农夫尴尬地笑笑,马上让儿子上驴,说:"没想那么多。"

儿子骑了驴很高兴,农夫看了看骑驴的儿子也很高兴,俩人唱着歌赶路。

走了不远,又碰到了一群人,大家看到农夫父子后,开始议论。

"你们看这个孩子,让老人在地下走,自己骑驴!"一个人说。

另一个人跟着说:"这个孩子肯定很懒,看那老头儿,唉,可怜啊!"

农夫和儿子互相看了看,儿子赶紧下来,换农夫骑上了驴。

又走出不远,几个人又议论:"这个老头儿太狠了,自己骑驴让孩子跟着跑!"老头听后,想了一下,赶紧让儿子也骑上来。

好不容易快到集市了，又听到集市边上的人说："瞧，乡下的驴都这么可怜，竟然驮着两个人！"

农夫和儿子赶紧从驴上下来，面面相觑，他们也不知道该怎么办了。这时听到一个人说："那驴是可怜，哪有那么骑驴的，让我说，俩人扛着驴走也不过分！"

农夫和儿子一听，这倒是个好办法，于是两个人把驴的蹄子一捆，用一根棍扛着准备往集市赶。

眼看前面过了河就是集市，两人抬着驴上了木桥，驴一看水中自己的影子，吓了一跳，使劲挣了挣绳子。父子俩根本没有驴的劲儿大，一不小心松了手，驴掉进了河里。

农夫看了看儿子，问："咱们是来干吗的？"

儿子说："卖驴！"

"驴呢？"农夫问。

儿子在河边大哭起来。

掌握分寸
别把好事做出坏结果

引经据典

与人论学，亦须随人分限所及。如树有这些萌芽，只把这些水去灌溉，萌芽再长，便又加水。自拱把以至合抱，灌溉之功皆是随其分限所及。若些小萌芽，有一桶水在，尽要倾上，便浸坏他了。

古文今译

与别人谈论学问，也必须考量别人的能力。这就好像小树刚刚发芽，只能一点点浇灌。小树长大一点儿，可以多浇一些水。树从双手合握到双臂合抱，需要浇灌多少水都应该依据成长的大小粗细来定。如果小树刚刚发芽，一下就浇一桶水，肯定把它淹死了。

"心学"小课堂

乐于助人是一种美德，但即便是做好事，也要讲究方式方法。不考虑对方的情况，一股脑儿地按照自己的办法帮助他人，很有可能好心办坏事。身体强壮的人帮助身体瘦弱的人运动，强度和数量自然不能按照强壮的人的标准进行。即便在强壮的人眼中，这不过是轻而易举之事，而瘦弱的人却没有办法按照这个标准执行，强行去做只能伤了身体。

我们可以劝导别人，但不可以强迫别人。

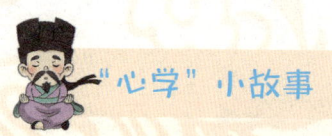

"心学"小故事

三国时期,袁绍一心想要讨伐曹操。谋臣田丰听说后,觉得现在的形势并不适合讨伐,便去劝谏。

"曹操刚刚攻打徐州,内部空虚,那时我们没有去突袭,已经错过了最佳的出兵时机;现在他已经攻下徐州,士气正盛,我们这时去讨伐,并不是最佳的出兵时机。请您再等一等,等时机出现再出兵。"

袁绍轻轻地笑了笑,心里盘算着该怎么反击田丰。忽然,他看到坐在身旁的刘备,便说:"你觉得是不是出兵的时机呢?"此时,他知道刘备的家眷都在曹操手里,刘备一定会支持他出兵。

刘备本就想劝袁绍出兵，便马上回答："曹操的恶行已经天下皆知，明公您出兵是替天行道呀！"

袁绍听完哈哈大笑，拍了拍田丰说："你看，只有你不同意。"

田丰赶紧拱手说："不可出兵呀！此时出兵必败！"

袁绍瞪了田丰一眼，说："你这个文弱书生就是缺少胆略，这替天行道的事情为什么拦着我！是让天下人说我不义吗？"

田丰还想死谏，但袁绍根本不听，仍对手下人说："来人，田丰扰乱军心，把他关起来，听候发落！"

田丰被押进大牢，整天唉声叹气。

不久，狱卒跑来告诉田丰："袁将军大败，他一定会想起您之前的话，说不定马上就会放您出去呢！"

田丰听后，叹了口气说："唉，依袁绍的为人，并不是一个听人劝告的人，他肯定怕见到我，我命休矣！"

果然不出所料，袁绍撤军后，马上下令杀了田丰。

细节决定成败 不可因小而忽视

引经据典

颜子具体圣人。其于为邦的大本大原都已完备。夫子平日知之已深,到此都不必言,只就制度文为上说。此等处亦不可忽略。须要是如此方尽善。又不可因自己本领是当了,便于防范上疏阔。

古文今译

颜回基本上具备了圣人的条件,他对治国兴邦的大计方针与本质要求都已经悉数掌握。这一点,孔子平日是十分了解的,到了这会儿也就不用多说其他的话。这段话其实是孔子仅从制度、文化等方面来简单补充颜回的思想。当然,这些方面也是不可忽略的,必须补充进去才算足够完整。但又不能因为具备一些本领,就在细节上疏于防范和醒察。

"心学"小课堂

聪明才干固然是成功的基础,但细枝末节有些时候也是成功的重要因素。要是因为过于相信自身的本领而忽视细枝末节,也很难获得最后的成功。

"心学"小故事

春秋战国时期，硝烟四起。公元前555年，鲁国被齐国打得连连后退，只好向晋国求救。晋国也觉得这是打击齐国的好机会，便联合了十一国的军队一起抗齐。

这下齐王招架不住，想撤军又怕丢人，于是打算悄悄撤出平阳城。当天晚上，他就命令士兵们脱下铠甲、放下武器，用厚布裹上马蹄，连马嘴都勒住了，尽量不发出一点儿声音。

这天晚上，晋王屡屡得胜，乐师师旷也觉得心情好极了。闲来无事，看到天空中月亮极美，他便在城外找了一块空旷的地方赏月。

正在他出神地赏月时，突然听到城外不远处的小树林里传来一阵阵乌鸦的叫声。他侧耳细听，又听到战马低低的嘶鸣声。

"这是什么声音？乌鸦本该在林间休息，怎么会鸣叫？那战马的声音似乎是在寻找同伴，这……难道……难道是齐军到了城外的树林，是要弃城逃走？"师旷想着，又是一阵乌鸦的鸣叫。师旷更加确定了自己的想法，马上跑向营帐向晋王汇报。

"齐军不想要平阳城了，他们弃城逃跑啦！"师旷着急地说。

晋王皱着眉看了一眼师旷，说："你一个乐师，从哪里得到了消息？"

"是，我是乐师，所以我对声音很敏感……"师旷把听到的声音和自己的推断向晋王说了一遍，又强调说，"大王，这是一个机会，是我们打败齐军的好机会呀！"

晋王终于相信了，点点头，说："很好，他们也不会想到，自以为做得悄无声息，却被一位乐师抓到了破绽，哈哈哈！"

于是，晋王连夜追击，最后打败了齐军，取得了胜利。

有取有舍 要经得住诱惑

引经据典

孟子说"夜气",亦只是为失其良心之人指出个良心萌动处,使他从此培养将去。今已知得良知明白,常用致知之功,即已不消说"夜气"。却是得兔后不知守兔而仍去守株,兔将复失之矣。

古文今译

孟子说的"夜气",是告诉那些没有良知的人去哪里寻找良知,会在哪里找到良知,然后开始培养。你如今知道了良知在何处,只要不断致知,就不需要研究什么"夜气"了,否则就好像得到兔子却不知道守着,还在那根树桩前蹲守,已经得到的兔子也会跑掉一样。

"心学"小课堂

选择,是每个人每天都要面对的。长期的经验让人们形成了趋利避害的本能,自然而然就能得出更好的答案。这顺应本心的事情,人们却会在巨大的利益面前动摇,甚至为了利益做出错误的选择。面对利益有所取舍才是正确的,被贪婪和诱惑所支配,只能让自己陷入危险之中。

> 诱惑摆在面前,取舍就在一念之间。

"心学"小故事

孟子生活在战国时期,是中国儒家学派的代表人物之一。当时,他的名气就已经很大了,许多人慕名前来向孟子求学问道。

一天早上,齐国使者来到孟子家中,拿出一百两金子,说:"早就听闻先生学问不凡,我们大王特意让我带来这些金子,希望先生收下。"

孟子看看满满一大盘的金子，又看看使者，问："敢问先生，齐王有什么事情？"

"没有。"

"是否想邀请我去讲学论道？"

"不是。"

"是不是有学生想托付给我？"

"不是。"

"是不是有问题想让我解惑？"

"也不是。先生不要问了，我们齐王只是特意让我把这些金子送给先生，并没有什么事情。"使者见孟子不停询问，便打断了孟子的问话。

孟子点点头，笑着说："请先生代我谢谢齐王的好意，但这金子我不能收。"

无论使者怎么请求，孟子还是婉言谢绝。无奈之下，使者只好灰溜溜地带着金子走了。

不久后的一天，薛国使者也带着金子前来。

"先生，"薛国使者一来，就向孟子行了个大礼，说，"这五十两金子是我们大王的一点儿心意，感谢您在我国危难之际平息战争，救了我们。"

孟子连忙起身扶起使者，说："快请起，不必拘礼。"孟子吩咐手下人收下金子，与薛国使者聊了很久。

薛国使者走后，弟子问孟子："齐国给您拿来一百两金子，您都不肯要，为什么薛国拿来五十两，您却收下了呢？"

孟子笑着说："薛国的金子可以收，那是薛王给我们的谢礼，但是齐国的不能收，他们并没有什么事情，只是想用金子收买我，我收下后便是贪婪。面对这种诱惑，君子怎能内心动摇呢？"

百年钻故纸 何日出头时

引经据典

孔子云:"吾犹及史之阙文也。"孟子云:"尽信《书》不如无《书》。吾于《武成》,取二三策而已。"孔子删《书》,于唐、虞、夏四五百年间不过数篇,岂更无一事,而所述止此?圣人之意可知矣。圣人只是要删去繁文,后儒却只要添上。

古文今译

孔子说"我见过史书有值得怀疑的地方"。孟子也说"什么都相信《尚书》,不如没有《尚书》,我也不过从《武成》吸收了一部分罢了"。孔子删减《尚书》,对于尧、舜、禹四五百年的历史,也不过用几篇文章概括了,这难道是因为没有别的值得记载的地方吗?之所以这么做,圣人的意思已经很明白。他们就是要删除烦冗的文字,可惜后来的学者不知其意,硬是画蛇添足。

"心学"小课堂

人们常说世界是在不断变化的,其实是我们对世界的理解越来越深,才有了这些变化。那么,很久以前,人们总结出的道理到今天还适用吗?有些道理依然适用,还有一些已经因为人们对世界的理解更深刻而逐渐被淘汰了。钻研前人的学问固然是好的,但在理解、运用上,要与如今的情况相结合,才能得出正确的结论。一味地相信过去的东西,不仅跟不上时代,也很难产生自己的理解。

总是低头跟着旧线路走,便会永远在原地打转。

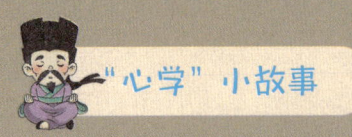

"心学"小故事

古灵神赞,世人称他为神赞禅师,是唐朝有名的神僧,他在云游时偶然得到百丈怀海禅师的点化而突然开悟。他高兴地回到自己的寺院,更加努力地研究佛理、佛法。

神赞没有表现出有什么不同,仍每天服侍他的师父——寺中老方丈,同时做些杂役的活儿。一天,寺院中的老方丈问神赞:"你出去了这么久,有了哪些成就呀?"

神赞思考了一下,认真地回答道:"没有!"

老方丈摸着胡子,点了点头。

转天,老方丈对神赞说:"来给我搓搓背。"神赞二话没说就去了。

神赞给师父搓着背,突然问:"师父,你不觉得我们的神像塑小了吗?那么高大威严的大殿放着那

么几个小的神像，好像不太威严，也不够神圣呀！"

师父回头瞪了一眼神赞说："别瞎说，这都是依据书中的记载塑造的，看起来虽然不神圣，但能放光！"

神赞摇摇头，并没有跟师父争论什么。

又过了几天，师父与神赞一同参读佛经，只听到"嗡——嗡——"的声音，他俩同时向窗边看去，只见一只苍蝇，在嗡嗡地往纸窗上撞。

师父说："它这是想飞出去？"

神赞点点头，叹了口气，说："空门不肯出，投窗也太痴，百年钻故纸，何日出头时？"

师父听到神赞的话，不禁问："前几日让我不要总死读佛经，今天又说出这么有深意的话，你出外云游时一定是遇到了高人，对吧？"

神赞点点头，回答说："我遇到了百丈禅师，通过他的点拨，我深受启发。这次回来就是想来报答师父您的恩情的。您太困于以往的书本中了，其实书本也好，佛经也罢，都应该是我们学习参悟佛法的工具，如果困在其中，不就如这只苍蝇了吗？"

师父闭目沉思。

刚柔并济 才能左右逢源

引经据典

良知即是《易》"其为道也屡迁,变动不居,周流六虚,上下无常,刚柔相易,不可为典要,惟变所适"。此知如何捉摸得?见得透时便是圣人。

古文今译

良知就是《易》中的"其为道也屡迁,变动不居,周流六虚,上下无常,刚柔相易,不可为典要,惟变所适"。因此,良知怎能捉摸透彻呢?若是把它捉摸透了,那就是圣人了。

"心学"小课堂

刚不可久,柔不可守。刚柔虽是两面,却需要将其融合起来,刚柔并济,修炼自身。同时,它也是致良知的重要构成部分。

人生充满变化,要学会以不变应万变。

"心学"小故事

面对比自己强大的对手时,学会以柔制刚、以柔克刚,往往能够产生意想不到的效果。

一次,宋太祖赵匡胤正拿着弹弓在后花园里打鸟,玩得不亦乐乎。这时候,忽然有侍从来报,说是有一位大臣有急事来求见。虽然赵匡胤打鸟正在兴头上,但一听说是急事,他还是赶紧放下弹弓,让人把这个大臣叫了过来。

原本兴头被打断,赵匡胤心里就有些不高兴了。现在一听大臣的奏报,也不是多着急的事情,赵匡胤心里就更不高兴了,立刻板起脸训斥那个大臣说:"这就是你说的急事?这算哪门子的急事啊!"

大臣一听这话,心里也不高兴了,自己认真负责,怎么

还反遭训斥了？于是就忍不住说了一句："再不急也总比打鸟的事情急吧！"

一听这话，赵匡胤登时就怒了，气急败坏地抄起一把斧头，直接用斧柄去抡那名大臣的脸，一下就把大臣的牙齿打掉了两颗。大臣看了赵匡胤一眼，不疾不徐地弯下腰，把自己被打落的牙齿收了起来。

赵匡胤这下更气了，冲着大臣气急败坏地骂道："你这是什么意思？难道还打算把牙齿保留下来，以后找我算账吗？"

大臣态度平静地说："陛下说笑了，我怎么敢同您争辩是非呢？这件事史官自然会记录下来的。"

赵匡胤一愣，这做皇帝的，谁不想青史留名，在史书上留个好形象？于是脸色立马一变，怒火也消了下去，温和地劝慰了大臣一番，还赏赐了不少金帛给他作为安抚。

大臣自然也赶紧见好就收，对赵匡胤谢恩了一番。

通人情，懂事理，是为知机

引经据典

如木之栽培灌溉，是下学也；至于日夜之所息，条达畅茂，乃是上达。人安能预其力哉？故凡可用功、可告语者，皆下学，上达只在下学里。凡圣人所说，虽极精微，俱是下学。学者只从下学里用功，自然上达去，不必别寻个上达的工夫。

古文今译

好比一棵树，浇水施肥是人情事理；树木日夜生长，开枝散叶，就是天理。人怎么能干预天理呢？所以，但凡可以用功、可以用言语说的，都是人情事理，而人情事理的学问包含了天理的学问。好学的人只要在人情事理上下功夫，自然可以学成知天理的功夫，不用另外寻找方法炼成知天理的功夫。

"心学"小课堂

什么样的人更容易得到他人的喜爱？通情达理肯定是必要条件。人的感情，遵循的道理，是做事情的动力。有些时候，人做不好事情，没有做事情的动力，并不是因为方法不对，也不是因为能力不够，而是因为违背了人情事理。

尽己所能，顺应天意，这就是人生最好的结果。

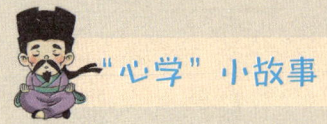

"心学"小故事

东汉时期,吴佑被派到年年连朝贡都交不上的蔡县做县令。

他刚到蔡县,就有人悄悄对他说:"这里已经换了好几任县令,您想要治理好,就得想法子管住那些刁民。"

吴佑笑笑问那人:"前几任县令有没有治理呢?"

那人说:"当然!大家帮他们想了许多法子治那些刁民呢!"

"那不也没有治理好吗?"吴佑拍拍那人肩膀,说,"现在不是治理措施不够,而是给百姓的辖制太多了,每任县令都有一套办法,百姓都不知道该怎么办了!治理一方,哪能这么违背人情事理呢!"

果然,吴佑上任后,不仅没有出台新的条例,还废除了许多不合理的规章制度。

百姓刚开始对吴佑并不信任,他们不知道这个新县令又会想出什么招儿来管治大家。吴佑为了打消百姓的疑虑,就召集百姓,明确自己的想法:"百姓们,你们只需通过自己的努力做事就好,我虽为县令,也不会多干涉你们。如果遇到事情可以找我,我会想办法帮助你们的,放手去干吧!"

吴佑手下有个人觉得吴佑的这种做法不对,就悄悄向知府告了密。知府听后很生气,说:"怎么能够这么放手,以前严管,他们还不干活、不交税,现在不管,他们不完全无法无天了吗?"随后便把吴佑叫来,严厉训斥。

"知府大人,蔡县百姓还缺少约束吗?前几任县令约束那么多,不还是交不了朝贡吗?大人莫急,给我一年时间,蔡县一定会有大变化的!"吴佑坚定地回答。

果然,蔡县百姓越来越努力,粮食产量明显增加,社会治安越来越好。

一年后,知府来蔡县巡视,不禁感叹地说:"古人的无为而治就是这个道理吧,违背人情事理去管制,果然效果不好。吴县令是聪明人呀!"

别在追求得失时迷失了自我

引经据典

凡处得有善有未善，及有困顿失次之患者，皆是牵于毁誉得丧，不能实致其良知耳。若能实致其良知，然后见得平日所谓善者未必是善，所谓未善者却恐正是牵于毁誉得丧，自贼其良知者也。

古文今译

事情难免会处理得有好有坏，有些时候还会有令人担心的困扰和混乱，这都是因为被得失心所牵绊，太过于在意毁誉得失，不能彻底按照自己的良知去行动。如果真的能致良知，那就可以明辨是非，看清平日里处理得好的那些事情未必是真的好，那些不好的事情恐怕就是因为太在意毁誉，损坏了心里的良知。

"心学"小课堂

得到会快乐，失去会难过，这是再正常不过的心理反应。但是过度追求得失，只会在这条路上越跑越远，越跑越快，最终忘却了原本的目的和真实的自我。

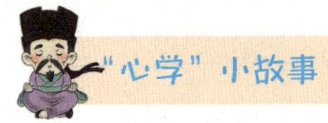

"心学"小故事

大珠慧海禅师是唐代著名高僧。通过学习佛法,他参悟了很多道理。

一天,一人问慧海禅师:"您被世人推崇,是有什么与众不同的地方吗?"

慧海禅师看了这人一眼,轻轻闭上眼睛,笑着说:"当然有。"

"是什么?"那人像马上就能得到天机一样赶紧追问。

慧海禅师停顿一下,说:"饿了就吃,困了就睡。"

那人被慧海禅师的话逗笑了,说:"您这是说什么呢?谁不是饿了吃、困了睡呢?这可不是与众不同,而是与众相同呀!"

慧海禅师摇摇头,轻轻说:"是吗?与众相同?"

"当然,我们也都是饿了就吃饭,困了就睡觉,没有参禅也懂这些道理呀!"那人笑得更欢了。

慧海禅师摆了摆手,说:"你不要笑,听我说一说。大家是不是在吃饭的时候还会想着别的事情,或者谈天说地?是不是在睡觉的时候会做梦,无论什么梦都会觉得睡不安稳?甚至有些人强迫自己专心,却仍无法专心。但我不一样,我吃饭时眼里、心里都是饭,睡觉时不会做什么梦,所以睡得很安稳。"

那人听了禅师的话,不再笑了,变得认真起来。

慧海禅师看那人心神已定,便继续说:"世人很难做到心静,大家都在利害抉择中沉浮,迷了心神;过度地追求自我得失,在追求的道路上越走越远,最后迷失了自我。要知道,得失本就是平常事,以平常心态对待每件事情时,事情就变得简单了!"

量力而行 别被自己压垮了

引经据典

君子之酬酢万变，当行则行，当止则止，当生则生，当死则死，斟酌调停，无非是致其良知，以求自慊而已。故"君子素其位而行""思不出其位"。凡谋其力之所不及，而强其知之所不能者，皆不得为致良知。

古文今译

君子在待人接物的时候应该能应对事情的各种变化，该做就做，该停就停，该生就生，该牺牲就牺牲，如何斟酌，都是致良知，凭着真心诚意让自己心安罢了。所以，君子要做符合自己地位的事情，不去想那些不符合自己身份地位的事情。凡是强迫自己做那些力所不及的事情，强迫自己做那些智力达不到的事情，都不是致良知。

"心学"小课堂

凡事都应量力而行，高估自己的能力，逼迫自己去做那些超出自己能力范围的事情，最终获得的不是心安，而是压垮自己。

努力是好的，但凡事还得量力而行，否则，不等成功就先把自己压垮了。

"心学"小故事

春秋初期,齐国一直是中原霸主,自然常常受到诸侯国的挑衅。

宋国逐渐强大起来。齐桓公死后,宋王觉得这是证明宋国实力最好的机会,便趁着齐国内乱,联合卫、曹、邾等小诸侯国一起伐齐,取得了胜利。

宋王更是觉得自己了不起了。他本就觊觎中原的霸主地位,现在打败了齐国,自然不把其他诸侯国放在眼里。他挥师向北,打算称霸中原。

此时,楚国看出宋王的野心,也知道他只是表面强大,于是联合鲁、陈、蔡、郑,以及刚刚战败的齐国,与宋国形成对立局面。

楚王所做的这些并没有引起宋王的注意,他仍自不量力地按原计划进行,拿早已臣服于楚国的郑国开刀。

郑王也是"人在家中坐,祸从天上来",吓得他赶紧派人去楚国搬救兵。楚成王直接下令出兵,攻打宋国。

楚国大军来势汹汹,兵强马壮,士气高涨,相比之下,宋国就显得慌乱了。宋大司马公孙固劝说宋王:"大王,楚国太强大了,以我们现在的实力,是不太可能占到便宜的,我们还是退后休整,等机会再战吧!"

"长他人志气,灭自己威风!你这叫动摇军心,不就是他们发兵攻打我们吗?众将士跟我迎战!"宋王带军从郑地撤回,迎战楚军。

两军到达泓水岸边。宋军在泓水北岸做好了准备,大臣公孙固又劝说宋王:"大王,我们现在已经准备好了,等楚军渡河之时,把他们一举歼灭。"

宋王瞥了一眼公孙固说:"我们现在国力强大,用不着这种手段!"

楚军过河时乱哄哄一片,正是攻击的最好时机。公孙固再劝宋王:"大王,这是机会呀!我们现在的实力虽然强大,但也不能与打仗经验丰富的楚军相抗衡呀!"

宋王生气了,严厉地说:"你是小看我们的实力吗?我们如此强大,怎能做那种不仁义的事!"

结果,宋军根本不是训练有素的楚军的对手,宋王还要等楚军上岸布阵后再进攻,更是失掉了进攻的最好机会。宋军大败,宋王也身受重伤。

君子责人先责己

引经据典

一友常易动气责人。先生警之曰:"学须反己。若徒责人,只见得人不是,不见自己非;若能反己,方见自己有许多未尽处,奚暇责人?舜能化得象的傲,其机括只是不见象的不是。若舜只要正他的奸恶,就见得象的不是矣。象是傲人,必不肯相下,如何感化得他?"

古文今译

一位朋友很容易生气,指责别人。先生劝诫说:"你要学会反思自己。如果一味指责别人,则只能看到别人的错误,却看不到自己的错误。如果能自我反思,发现自身的很多错误,哪还有闲暇去指责别人呢?舜能感化象的傲慢,关键在于不去挑剔象的错误。如果舜一心想要纠正象的奸恶,就只能看到象的错误了,必然不能让象这样傲慢的人愿意认错,那又如何感化他呢?"

"心学"小课堂

指责他人,本质上是指出对方的错误,而不是推卸自己的责任。一味地推卸责任,也就没有了反思自己的机会,阻断了自己的成长之路。要是对方是那种不愿意承认错误的人,指出他的错误只能引来无谓的争执,也是毫无意义的。因此,在指责别人的时候,先想一想这个举动是否有用,看看自己是不是有同样的错误。

"心学"小故事

春秋时期,孔子作为知名学者,经常有客人前来拜访。一天,有个身穿绿衣服的客人来拜访孔子,孔子刚好不在家。

客人等孔子回来,等得无聊,就决定考考孔子的学生。他走到一个正在扫地的学生面前,说:"年轻人,你是孔子的弟子吗?我有个问题想要请教你。"

孔子的学生礼貌地回答说:"我确实是孔子的学生,请问您想要问什么呢?"

绿衣服的客人提问说:"请问,一年中有几个季节?"

孔子的学生正发愁对方会问出什么难以解答的问题,没想到客人的问题如此简单。他回答说:"一年有春、夏、秋、冬四个季节。"

客人的头摇得像拨浪鼓一样,叹息说:"孔子的学生也不过如此,我来告诉你,一年之中只有三个季节,并不是四个。"

两个人争执了半天,也没有争出对错。客人就说:"既然你说一年有四个季节,我们不妨打个赌,等你老师回来,我们问问他。要是一年有四个季节,我给你磕三个响头,要是一年有三个季节,你给我磕三个响头,你看如何?"

孔子的学生点点头,自信地说:"赌就赌,我赢定了!"

没一会儿,孔子就从外面回来了,学生赶紧上前请教说:"老师,一年究竟有几个季节?"

孔子看了一眼客人,回答弟子说:"一年只有春、夏、秋三个季节。"

弟子顿时就傻了眼,只好磕了三个响头,客人很开心地走了。

客人走后,学生问孔子:"老师,人人都知道一年有四个季节,您今天怎么说只有三个呢?"

孔子笑着回答说:"那个客人全身穿着绿衣服,是一只蚂蚱。蚂蚱春天出生,秋天死去,根本没见过冬天,所以,对他来说,一年只有三个季节。与其指出他的错误,不如想想和他这样争吵是否值得。"

学生这才恍然大悟。我们永远不可能把客人的想法扭转过来,再和他争论对错,显然是自己的问题了。

笨鸟先飞 早入翰林

引经据典

盖所以为精金者，在足色，而不在分两。所以为圣者，在纯乎天理，而不在才力也。故虽凡人，而肯为学，使此心纯乎天理，则亦可为圣人。犹一两之金比之万镒，分两虽悬绝，而其到足色处，可以无愧。故曰"人皆可以为尧、舜"者以此。

古文今译

金子之所以成为纯金，在于成品色泽足够，而不在分量轻重。圣人之所以为圣人，在于纯粹真挚地明白天理，而不在于才能的大小。所以，即使是普通人，只要肯努力学习，使自己内心达到纯乎天理，也可以成为德高望重有大智慧的人。就像重一两的金子和重万镒的金子相比较，分量的确相差太过悬殊，但只比较它们的成品色泽，重一两的金子是毫不逊色的。所以说，"人人都可以成为尧、舜"的原因就在这里。

"心学"小课堂

每个人都有自己独特的天赋，有些人头脑灵活，在学习中能举一反三。有些人记忆力好，读书的时候过目不忘。如果我们不是那样的人，就注定不能有好的成绩吗？当然不是。笨鸟先飞并不是没有意义的心灵鸡汤，努力也是一种难得的天赋。只要有毅力，能坚持，即便不是那个最聪明的人，不是那个记忆力最好的人，也有超越其他人、成为佼佼者的机会。

笨鸟自然要先飞，勤能补拙。

"心学"小故事

左思是西汉时期著名的文学家,但他小时候可不是人人羡慕的聪明孩子,不仅书读得很慢,字也写不好,而且先生常常因为左思比别的同学慢半拍而训斥他。

"先生,这个句子是什么意思?"左思问先生。

先生瞥了一眼左思,回答说:"又不懂啦?你就不能自己好好想想吗?这个问题你问几遍了?自己想去!"

左思回到座位上,伤心极了。他不是听得不够认真,只是真的不太明白。

同学碰了一下左思的胳膊坏笑着说:"你承认你笨不?干脆别学了,再把先生气晕了!哈哈!"

左思把头低得更低了,眼睛里充满泪水。

忽然,他看到墙角边上一只蜗牛正在努力地往墙上爬,心想:唉,小蜗牛,你爬得这么慢,什么时候才能爬上墙呀!就跟我一样,我这么笨,什么时候才能变聪明呀!唉……

左思拿起书来,没精打采地听着先生的讲解。

过了一会儿,先生讲完了,左思也把埋在书里的头慢慢抬起来。突然,他看到刚刚还在地面往上爬的小蜗牛现在竟然已经爬到墙腰的位置,在它的后面,还有几只小蜗牛在努力地向上爬。

此时,左思高兴起来。他笑着给刚刚嘲笑他的同学说:"你知道小蜗牛吗?我就是小蜗牛,只要我不停地努力,总有一天会赶上甚至超过你们的!"

同学被他说得一愣,继而笑笑说:"你这是刚睡醒?"

左思知道同学是在讽刺他,但他并不在意。他是个说到做到的好孩子,一定会成功的。

从那天开始,左思每天天不亮就起床读书,一直读到深夜;字不好看,他就努力地练字,哪怕一个笔画,他也一遍遍练习,直到满意为止。

一段时间后,左思的成绩提高得越来越明显。他不再追着先生问,而且每次学习新的内容时,他也能第一个回答。先生对此很不解。

之前讽刺他的同学也惊讶地问:"左思,你是用什么办法变聪明的?"

左思笑笑说:"不是我变聪明了,我只是一只先飞的笨鸟,比别人多了一份勤奋而已。"

在正确的时机做正确的事

引经据典

周公制礼作乐，以文天下，皆圣人所能为，尧、舜何不尽为之，而待于周公？孔子删述《六经》，以诏万世，亦圣人所能为，周公何不先为之，而有待于孔子？是知圣人遇此时，方有此事。

古文今译

周公研究出礼仪音乐用以教化世人，其实这些但凡是圣人都能做到，尧、舜作为大圣人为什么不去做反而等待周公做呢？孔子修《六经》教化后世，这也是圣人都能做到的，周公为什么不先做反而要等孔子做呢？可见，圣人只有遇到一个时机，才能做出丰功伟绩。

"心学"小课堂

古人在做大事的时候，要讲究天时、地利、人和。地利可以去寻找、改造，人和可以去经营，唯独天时，只能等待。因此，越是要做一件艰难的事情，越是不能心急，那个正确的时机是成功中必不可少的。当地利、人和都已经满足，天时也来到的那一刻，就是你成功的开始。

> 不管多强壮，得能碰到伯乐才行。

千里马

"心学"小故事

　　湘西常见的风景就是水,这里有大大小小的河。人们出行离不开的就是船和桥,特别是一些偏远的小村子,交通并不发达,路少,船也少。故事就发生在一个这样的小村子里,村子连接外面世界的唯一道路就是一座独木桥。

　　大吴和小吴的家世世代代生活在这个偏僻的小村子中,两人从小一起长大。一天,他们商量做点儿小生意。

　　大吴说:"我觉得咱们不能一辈子在这个小村子里靠天吃饭,得想个能挣钱的道道!"

　　小吴说:"我觉得也是,咱们这么年轻,干点儿什么不挣钱呀!"

　　大吴想了想,说:"好!那咱就卖菜吧,过了独木桥就是小城,咱们种了菜可以担去城里卖!"

他俩一拍即合，马上开始了卖菜的营生。

几天后，小吴发现大吴每天回来时竹筐里都是干干净净的，菜卖得一根不剩，而自己的菜总卖不完。于是，他开始悄悄地观察大吴。

大吴总是第一个挑着新鲜的菜来到城里的市场，很多人一拥而上抢菜，不一会儿他就卖完了。等小吴把菜挑来时，很多人已经买了菜，只有那些刚刚没抢到菜的人来挑挑拣拣地买他的菜。

小吴很生气。回村的路上，他一把拦住大吴说："你怎么回事？大家一起想的主意，你怎么总是抢在我的前面呀？"

大吴说："我每天都是一个时间出门，怎么能说我抢在你的前面呢？"

小吴说："大家生活都不容易，你就不能晚点儿出门吗？"

大吴笑笑说："你有时间在这里和我抱怨，为什么明天不能早我一步出门呢？机会是留给有准备的人的，错过时机，再怎么埋怨也是没有用的。"

时刻准备着 行动要迅速

引经据典

常如猫之捕鼠，一眼看着，一耳听着，才有一念萌动，即与克去，斩钉截铁，不可姑容与他方便，不可窝藏，不可放他出路，方是真实用功，方能扫除廓清。

古文今译

好比猫捉老鼠，猫只有眼睛盯着、耳朵听着，才能有所行动。在行动的过程中，要态度坚决，不姑息迁就，不给老鼠喘息的机会，不让它有藏起来或逃生的机会，这才算是真功夫。只有这样，人才能消灭心中的所有私欲。

"心学"小课堂

成功是一步步脚踏实地才能达成的。有些人在面对泥泞的小路、茂密的荆棘丛时，不由得放慢脚步，以减缓痛苦的到来。实际上，只有行动迅速，才能避免陷入泥泞之中，减少蹚过荆棘丛的痛苦。机会在这个过程中，就如同有人向你伸出援手，把你向前推进一大步。但没有准备的话，就很难借助这股力量，甚至会被直接推倒。

"心学"小故事

两个和尚在讨论去南海参拜的事情，他们觉得南海是著名的佛教圣地，既然出家为僧，人生理想都是有朝一日能去南海拜一拜。

两个和尚虽然都为僧人，但他们看上去却明显不同。他们一穷一富：穷的那个瘦得皮包骨头，穿得衣不蔽体；富和尚则大腹便便，穿着绫罗绸缎。

穷和尚说："我不打算再等了，我想去一趟南海，你觉得怎么样？"

富和尚上下打量了穷和尚一番，哈哈大笑起来。

"师兄笑什么？"穷和尚也看了看自己，不解地问。

"你打算去南海？我问你，你有什么？"富和尚发出了灵魂拷问。

穷和尚展开双臂，一手拿着水瓶，一手拿着钵盂，回答说："我有水瓶和钵盂呀！"

"哈哈哈……"富和尚笑得更欢了，"就你？就这些？恐怕你还没走出咱这寺庙就被饿死了！"

"那需要什么？"穷和尚不解地问。

"你看啊，"富和尚说，"我其实已经在几年前就开始做准备了，现在都没敢说要去。从咱这里到南海要几千里路呢，路上会发生什么谁也预料不到，那么多艰难险阻等着，可不是上嘴唇一碰下嘴唇就能到的。"

"师兄都准备什么了？"穷和尚问。

富和尚得意起来，回答说："现在虽然还没有准备充足，但也快了。我准备了粮食、药品，而且已经买好了一条大船，打算再找几个水手和保镖。我就这么和你说吧，就你这一个水瓶、一个钵盂想要到南海，与做白日梦毫无区别。"

穷和尚点头笑笑。

第二天，富和尚起床找穷和尚诵经时，发现穷和尚已经不见了。

两年后，穷和尚回到寺庙，给人们讲述着他在南海的见闻，而富和尚还在为去南海做着各种准备。

滔滔不绝

诸恶莫作 众善奉行

引经据典

史以明善恶，示训戒。善可为训者，特存其迹以示法；恶可为戒者，存其戒而削其事以杜奸。

古文今译

历史可以用来明辨善恶是非，警示训诫后人。善事可以用来教化百姓，所以将其记录下来以指导后人的行为举止；恶事可以让后人引以为戒，所以记录保存了相应的戒律，删去了恶事的过程细节，以防止后人效仿。

"心学"小课堂

古人一直有"以史为镜"的说法，即便我们没有熟读历史，也可以从"前车之鉴"中找到与我们境况对应的事情。学会利用这些已经发生的事情，对于现在做的事情是有指导意义的。多做善事，少做恶事，自然会有回报。

"心学"小故事

宋就,魏国大夫,曾被调任到魏、楚两国交界地当县令。他上任的第一年就遇到了麻烦事。

魏、楚两国交界地的农民特别喜欢种一种瓜。本来这种瓜长势都很好,但是这一年春天天旱,瓜苗不怎么长。魏国农民发现了这个情况,便组织了一部分人每天晚上去田地给瓜苗浇水。几天后,虽然瓜苗没有雨水充沛时长得好,但相比楚国的瓜苗,明显要好很多。

很快,楚国农民就发现了瓜苗长势的不同,很是生气,于是组织了一部分人天天晚上去偷魏国的瓜苗。几次后,魏国农民发现了,大家都积极地想办法报复楚国的农民。

宋就听说后,连忙来到带头的农民家,说:"你们打算如何报复?"

农民说:"我们打算晚上带人把他们的瓜苗都踩了!"

"这不是好办法!"宋就说。

"那怎么办?"农民已经气红了眼,大声说,"县令不让我们去踩,是让我们一直受气吗?你们当官的怕楚国,我们可不怕!"

宋就赶紧说:"不是,我不是这个意思。我是说,如果你们去报复,那他们又来报复你们,这样矛盾不是越来越大了吗?你们去踩他们的,他们再来踩我们的,双方互相破坏下去,不是都没有收成了吗?"

听了宋就的话,农民也陷入沉思。

宋就继续说:"这样吧,你们以后每天晚上去浇瓜田的时候,也帮他们浇一浇怎么样?"

农民们你看看我,我看看你,不理解宋就为什么这么说。宋就知道大家不理解,连忙解释说:"多做善事,远远比做恶事能达到想要的效果。"

楚国农民发现魏国农民的行为后,觉得很羞愧,再也没有偷过瓜苗,而且还上报了县令。

这些农民不知道,正是因为他们的善举,不仅保住了自己的瓜,而且使楚王打消了攻打魏国的念头,还送给魏国很多礼物。

认清轻重缓急 不可舍本逐末

引经据典

问《律吕新书》。先生曰："学者当务为急。算得此数熟，亦恐未有用，必须心中先具礼乐之本方可。且如其书说，多用管以候气。然至冬至那一刻时，管灰之飞或有先后，须臾之间，焉知那管正值冬至之刻？须自心中先晓得冬至之刻始得。此便有不通处。学者须先从礼乐本原上用功。"

古文今译

陆澄问《律吕新书》怎么样。先生说："这是学者的当务正业。就算把《律吕新书》了解得再熟悉，恐怕也没什么用处，必须心中先有礼乐的根本才行。比如《律吕新书》中会用律管看天气变化。然而到了冬至那天，律管中的芦苇灰飞扬的状态，或许前后会有短暂的差别，但又怎么根据这个律管灰飞的状态来确定是不是冬至呢？必须心中先知道冬至时刻才行。这里就有说不通的地方。所以求学的人必须先在礼乐的根本上下功夫。"

"心学"小课堂

我们每天都有很多事情要做，如果能把做事情的效率提高，速度加快，用的时间就会减少，就能比其他人做更多的事情。想要达成这一目标，简单的办法就是分清轻重缓急，将事情井井有条地排出顺序来，按照顺序做，就能比别人做得更快、更好。

"心学"小故事

沙漠中有一眼泉水,小玮和小宸的家分别在泉眼的南北两端,两家世世代代都靠着这眼泉水生活,每天都要去泉水边挑水。

小玮与小宸长大后,便接过挑水的任务。他们与祖辈一样,每天天不亮就去挑水。小玮觉得这样的日子太辛苦了,如果自己家附近有泉水,或者哪怕打一眼井,以后也不会受这种苦了。小宸也觉得日子太辛苦,但他觉得自己无力改变,最好、最快的办法就是让自己变得更强壮。

小玮与小宸聊天,小玮说:"你觉得当务之急是什么?"

小宸说:"是让自己尽快适应这种挑水的生活。"

小玮摇摇头,说:"当然不是,我觉得现在最重要的是解决掉这种靠挑水过日子的生活。"

"解决？"小宸笑道，"你怎么解决？难道你想挖一口井？最重要的是你赶紧挑水吧！"小宸略带嘲笑地说。

小玮没有说话，心里已经开始规划挖井。

五年后的一天，小宸突然发现小玮没有来挑水，他以为小玮睡过头了。可是，过去很多天，小玮仍然没有来挑水，小宸开始担心小玮，他怕小玮出了什么意外，于是收拾了一下行李就去小玮家探望。

没想到，他刚到小玮家附近，就看到小玮家的栅栏墙上爬满瓜蔓，小玮正在院子里悠闲地喝茶。

"小玮？"小宸三步并作两步来到小玮面前问，"你这儿哪来的水？你没去挑水我还以为你出什么事儿了呢！"

小玮笑着说："记得五年前我跟你说过吧，要解决挑水的问题就得自己打井，从那时候我就开始规划这口井了。"他指了指砌得整整齐齐的井栏，继续说，"五年来，我从来没有放弃过，从计划到行动，都没敢放松过，就在前几天，终于挖出水来啦！"

小宸皱着眉头说："你花费了不少力气吧？天天挑水虽然远了点儿，但总比这个省劲儿呀！"

小玮笑笑说："我如果不趁着年轻能挖得动的时候去挖，等老了，挑不动水了，也挖不动井了，怎么办？"

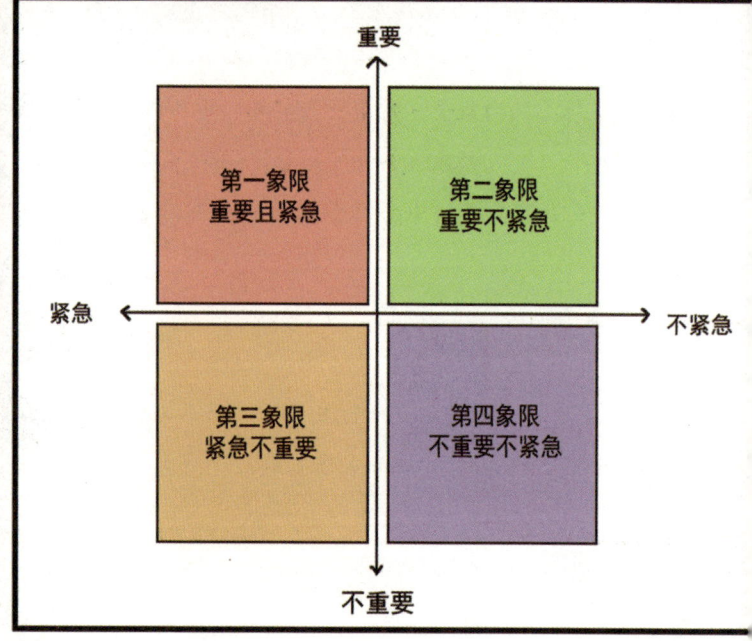

有了目标一切都将井井有条

引经据典

先生曰:"天地气机,元无一息之停。然有个主宰,故不先不后,不急不缓。虽千变万化,而主宰常定,人得此而生。若主宰定时,与天运一般不息,虽酬酢万变,常是从容自在,所谓'天君泰然,百体从令'。若无主宰,便只是这气奔放,如何不忙?"

古文今译

天地间万物的变化本来就没有一刻是会停息的。如果有了一个主宰,就能不分先后,不分急缓,即使千变万化,主宰的常态也是安定的。正是有了这个主宰才有了人。如果主宰恒定,天地运行通顺没有障碍,即使日理万机,变化多端,也能从容自在,悠然自得,也就是所谓的"天君泰然,百体从令"。如果没有主宰,世间万物意气用事,胡乱作为,怎会不忙呢?

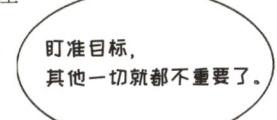

"心学"小课堂

天地万物都有其运行规律,我们的生活、学习也是一样,要按照规律进行。一口气可以吃成胖子吗?当然不能。不管是在生活里还是学习中,想要取得成功,就必须循序渐进,一步步进行。那么,如何能保证按部就班地成长呢?树立目标就是最好的办法。达成一个目标,就再树立一个新的目标。这样一步步地走下去,不仅不会走歪,更不会走弯路。

盯准目标,其他一切就都不重要了。

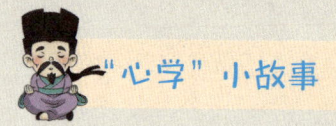

"心学"小故事

李斯是秦国著名的宰相,年少时他的一次经历改变了他的一生。

一次,他去厕所,刚一进门,就看到两只老鼠正在灰头土脸地偷吃粪便。看到李斯进来,它们吓得赶紧躲了。此时,李斯只是笑笑,并没有太在意。

但是,不久之后,他又一次在官家的粮仓里看到两只老鼠。这两只老鼠与他在厕所中见到的那两只老鼠完全不一样,它们肥头大耳,而且看到有人进来,一点儿也不害怕,还是大大方方地吃着粮食。

李斯看了看自己一身粗布衣,突然感叹道:"我现在的生活,不就像厕所中的老鼠吗?难道我就这样心甘情愿地过一生,当一只畏首畏尾的'茅厕鼠'吗?我为什么不能像'粮仓鼠'这样活得安安稳稳、有头有脸呢?"

第二天,李斯果断地辞掉了小吏的工作,去齐国向著名的儒学大师荀子学习。在这里,他学到了很多治国方法,也掌握了很多做官的学问。

一段时间后,李斯学到了很多东西,他对荀子说:"我打算去秦国,我的才学在那里才能发挥。"

荀子说:"为什么?你的学识在齐国也一样会受到重用。"

李斯回答说:"我要做一只'粮仓鼠',干出一番事业来,活得安稳富足,现在这样的形势,只有秦国适合我达成目标。"

李斯到了秦国,便直接投奔到吕不韦门下。凭借自己的学识,他马上得到重用,有了靠近秦王的机会。趁此机会,他仔细分析朝局,揣摩秦王的心理,并果断上书。

他在奏折中为秦王分析了秦国各代君王不能统一天下的原因,又鼓励秦王趁此机会,扫平六国。这番话正好戳进秦王嬴政的心里,他马上将李斯封为长史。

自此以后,李斯在成为"粮仓鼠"的道路上一发不可收。他帮秦王想出了贿赂六国的政策,让六国离心离德,不能合力抗秦,从而使秦王的灭六国之路没有阻碍。他也达成了自己的终极目标,做上了秦国宰相。

忍耐坚持 不为外物所动

引经据典

诸君只要常常怀个"遁世无闷，不见是而无闷"之心，依此良知忍耐做去，不管人非笑，不管人毁谤，不管人荣辱，任他功夫有进有退，我只是这致良知的主宰不息，久久自然有得力处。一切外事亦自能不动。

古文今译

大家只要时常怀有"遁世无闷，不见是而无闷"之心，依循良知去做事，不在意别人的嘲笑、诽谤、赞扬、侮辱，不管功夫是进是退，只抓住良知的主宰，时间久了，自然有好的效果，不被外界任何事物干扰、动摇。

"心学"小课堂

世上无难事，只怕有心人。由此可见，任何事情都敌不过坚持，最难的事情也是坚持。学会忍耐，任凭他人如何说，自能保守本心，岿然不动，大事也就能成了。

坚持与忍耐是通往成功最近的路。

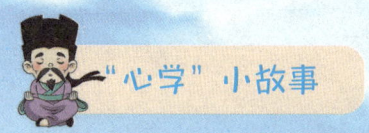 "心学"小故事

茶圣陆羽是一个弃儿,龙盖寺住持路过湖边时把他捡回寺里。因为寺庙不方便养小孩儿,便把他托付给了一户姓李的家庭抚养。

稍大点儿后,住持将陆羽接回寺里,教他读书写字。他也就干脆不再回家,做了住持身边的一个小沙弥。

陆羽有个特点,他虽然对那些拗口的诗文不太喜欢,更不喜欢经文,但特别喜欢读书,特别是一些见闻类的图书,更是读得如痴如醉。住持还因为他读书太入迷责罚过他,但他一直咬着牙坚持着。

十三岁时,陆羽已经小有成绩,学习勤勉的他越来越聪明。长大后便不适合再在寺庙待下去,再加上住持总是折磨他,他便选择离开龙盖寺,藏在了当时地位最低下的杂技班子里。在这里,他遇到了他的老师——李齐物。

李齐物看到陆羽读书的模样后十分喜欢,不仅亲自传授他知识,还把他推荐给了当时有名的邹夫子。陆羽在他的门下长了许多见识,也学到了很多东西。

后来,陆羽又遇到了一位爱茶如命的朋友——崔国辅,他们一见如故。陆羽要写《茶经》时,他还将自己珍爱的小白驴送给了陆羽。

陆羽便骑着这头小白驴，游历世间名山大川。功夫不负有心人，他品尝了无数杯茶，历经重重困难，终于完成了传世之作——《茶经》。

修身养性就是磨炼沉静功夫

引经据典

是徒知养静，而不用克己工夫也。如此，临事便要倾倒。人须在事上磨，方立得住，方能"静亦定，动亦定"。

古文今译

这是因为你只知道修养身心，而没有在"严格约束自己"上下功夫。如此，遇到事情就会慌乱。人应该通过各种事情磨炼自己，这样才能立得住，做到不管是静还是动，都能保持心中沉静、稳定。

"心学"小课堂

与他人一起学习，的确能够加快提升速度，但是过于依赖他人不是什么好习惯。没有他人可以依赖，我们也要不断进步，因此必须学会安静独处，磨炼意志。擒住了心猿，拴住了意马，任何时候都能专心致志地工作、学习，才能将进步、成功掌控在自己手里。

 "心学"小故事

相传,有个叫纪省子的人很擅长训练斗鸡,他能将一只斗鸡训练成气势压倒一切的良将。人们都说,他训练的斗鸡,只要站在场子里,那气势就已经赢了。

大王也是很喜欢斗鸡的人。他听说了纪省子的本事之后,特意找到纪省子,说:"我这只鸡挺厉害的,但就是太莽撞了,别的鸡急它也跟着急,别的鸡蔫它也跟着蔫。"

纪省子看到大王的斗鸡,发现这只鸡果然脾气很躁,虽然能力很强,但太莽撞了。

几天后,大王命人来问进展,纪省子说:"不太好,再等等吧!"

又过了几天,大王又来问,纪省子回答说:"它的脾气实在不好,还是不行呀,它只要听到斗鸡的声音,就马上横冲直撞起来。"

又过了几天,大王又来问:"现在怎么样了?已经有一个多月了,还没有训练好吗?"

纪省子摇摇头,说:"还是不行呀,它不能看到鸡的影子,看到后翅膀就会炸起来,脾气还是那么火爆。"

又过了几天,大王实在等不了了,亲自来看纪省子。纪省子把鸡笼递给大王,说:"拿回去吧,没有问题啦!现在无论它在什么地方,都会沉得住气,不管其他斗鸡如何挑衅,它也能静静等待攻击时机,不会一被挑逗就横冲直撞了。"

果然,这只鸡进了斗鸡场,就像大将军一样环视四周,并静静地等待对方的攻击,而对方的鸡一进场就被这只鸡的气势吓到了,有的甚至连斗都没有斗就转头跑了。

要凝神聚气，静下心来，不要急！

我穿好啦！

成功不在难易 在于身体力行去做

引经据典

此已被私欲隔断，不是知行的本体了。未有知而不行者，知而不行，只是未知。圣贤教人知行，正是要复那本体。不是着你只恁的便罢。

古文今译

这是被自己内心的欲望迷惑了，不再是道理与实践的原意。没有知道事实而不去做的人。明白道理而不实践，就不是真正的明白。圣贤的人教育我们需要懂得的道理和实践，正是要恢复原本的道理与实践的本质，并非随便地告诉我们怎样去了解真理与怎么去做就可以了。

"心学"小课堂

成功很难吗？成功是无数辛勤的汗水积累起来的，自然难以获得。但是，只要迈出脚步，向着成功前进，日积月累，一天几粒的沙子也能堆成一座塔。如果不能迈出自己的步伐，想要成功就如同等着天上掉馅饼一样，几乎不可能。身体力行去做，可能会失败，但不去做一定不能成功。

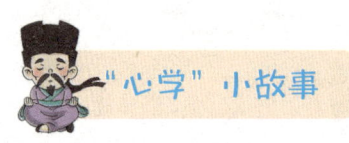

"心学"小故事

山脚下有一座寺庙，庙不大，但这里的方丈很有名。远近的百姓遇到难事都会来问一问方丈，方丈也很乐善好施。

有个乞丐一路乞讨走到庙里，说："方丈呀，我一路乞讨来到这里，能不能让我在庙里留宿？"

方丈看了看乞丐，指着门前一堆砖石，说："留宿没问题，你把这堆砖石搬到后院吧！"

乞丐看了看砖石，指了指自己的手臂，说："方丈呀，你看我的手臂！"

"这门前的砖石已经堆很长时间了，需要有个人搬呀！"方丈没有直接回答乞丐的话。

乞丐生气地说："人们一直说你乐善好施，我看都是虚名，你看不到我一只手吗？"

方丈笑笑说："这样的事，一只手也是可以做的。"

乞丐看了看天色已经晚了，如果继续赶路就得睡山里，那太危险了，所以只好用一只手搬起砖石。最初他以为自己一只手根本没有办法搬，但搬了一会儿后，看着砖石越来越少，他的成就感也越来越大。

"终于搬完了！"看着后院堆得高高的砖石，他高兴极了。

方丈笑笑说："看，你以前只是没有做过，现在做了，不也一样能完成嘛！"

这天晚上，乞丐留宿在了庙里。第二天，方丈还特意送给了他一些银子。

乞丐看着银子，不好意思收。方丈说："你不用拒绝，这是我给你的搬砖钱，是你靠自己的劳动赚来的，有什么不好意思的呢！"

乞丐眼含泪花，谢过方丈。

多年后,一个衣着光鲜的年轻人来到庙里,手托一袋银钱送给方丈,说:"我就是当年的乞丐,如果不是当年的那堆砖石,我可能一辈子都是乞丐。"

用人不疑 疑人不用

引经据典

以是存心，即是后世猜忌险薄者之事。而只此一念，已不可与入尧、舜之道矣。

古文今译

事情发生之前就已经在猜忌别人，这是后世心思险恶凉薄的人做的事。事先已经有了这样的想法，就不能达到尧、舜的圣道了。

"心学"小课堂

一个篱笆三个桩，一个好汉三个帮。团队的力量总是比一个人的更强大，有些事情更是要几个人一起才能完成。团队的成功同样代表着个人的成功，团队的收益同样是个人的收益。因此，选择队友的时候，千万不能选择那些不被信任的人。不管他们负责的事情多么渺小，也可能会破坏团队的合力。如果选定了人，那就要给他信任。处处防备，束手束脚，很难发挥出他原本的实力。

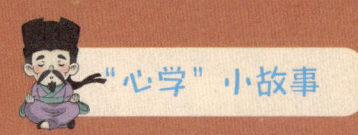
"心学"小故事

陈平是西汉的开国重臣。楚汉战争爆发之初,他本是项羽的部下,但看到项羽易怒,又反复无常,果断派人将受赏的黄金和官印送还给项羽,然后找到魏无知,让他帮助自己投奔刘邦。刘邦依照项羽所封的官职,封陈平做了汉军都尉。

一些老将听说后纷纷进言,甚至直接质问刘邦:"你有没有想过,他是不是项羽派来的奸细?"

刘邦摆了摆手,回答说:"各位不用心急,我既然任命他,就是信任他,希望大家能团结起来并肩抗楚。"

将领们听到这话,虽然心里不服气,但也不能说什么。

过了一段时间,将领们又推荐平时与刘邦关系较好的周勃、灌婴去劝刘邦。二人见到刘邦后,对陈平也没留余地,说:"陈平看起来不错,但是你可知道,他在家里的时候口碑就不好,行为不端,与四邻相处也不和谐。"

刘邦说:"大丈夫不用拘那些小节,他有能力打仗就好,你们不用太在意。"

"他是一个反复无常的小人!"二人又说,"你看他在魏王那里混不下去就投奔了楚王,现在又从楚王那里来投奔您,您这么器重他,又封他做官,又给他钱财,听说他仗着您的势力到处贿赂将领呢!"

刘邦听到这些话,心里也有些犹豫,便叫来了推荐他的魏无知:"近日我听到一些关于陈平的过往,你怎么能将这样的人推荐给我呢?……"随即把有关陈平的传言详细地向魏无知说了一遍。

魏无知听后,感叹道:"大王,我推荐陈平是因为他是难得一遇的将领,至于他的品行,是不是惹四邻不安,是不是有贿赂的行为,那是另一方面,对我们并不影响。"

刘邦又说:"他如果反复无常又投奔别人呢?"

魏无知说:"他无论在魏还是在楚,都取得过非凡的成就,我们不就是需要他的成就吗?大王,用人要坚定,不能左右摇摆,传到他那里,就动摇军心了!"

刘邦点点头,便派人赐了些酒食给陈平。

陈平接到酒食向刘邦谢恩,与刘邦一起讨论起天下大事,刘邦这才明白魏无知所说的话,陈平果然是个军事奇才。

之后,刘邦采用陈平的离间计,将黄金送到项羽的能臣手中。项羽因为多疑不再信任身边的股肱之臣,气死了大臣范增,为刘邦进攻提供了机会。

战胜失败要先承认失败

引经据典

诸君功夫,最不可"助长"。上智绝少,学者无超入圣人之理。一起一伏,一进一退,自是功夫节次。不可以我前日用得功夫了,今却不济,便要矫强做出一个没破绽的模样,这便是"助长",连前些子功夫都坏了。此非小过。譬如行路的人遭一蹶跌,起来便走,不要欺人做那不曾跌倒的样子出来。

古文今译

学习时,千万要避免拔苗助长。天生有智慧的人很少,学者不可能直接成为圣人。一起一伏,一进一退,这才是做功夫的规律,不能因为我昨天用了功夫,今天功夫没有做好,却要装作没有破绽的样子。这就是拔苗助长,会把之前的功夫都荒废掉,这可不是小错误。就好像一个人走路时摔了一跤,爬起来继续走,不要装出一副没有摔倒的样子。

"心学"小课堂

没有人喜欢失败,同样没有人躲得开失败。既然躲不开,那就要勇敢面对,从中吸取经验,找到成功的方法。如果拒绝承认失败,那就意味着这段经历不能被认真看待,也就难以从中吸取经验。就好像一段凹凸不平的路让你摔倒了,如果你不把路铺平,下一次还可能会在这里摔倒一样。

> 先生,小鹿都没有角了,怎么还是低头进攻,害得头都受伤了?

> 不承认失败便永远不会知道自己哪里败给了别人!

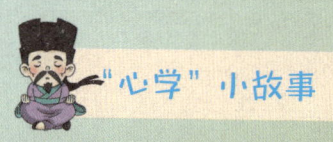

"心学"小故事

秦穆公有心统一诸侯国。霸主晋文公去世后,有人游说秦穆公趁着大好时机攻晋,秦穆公也动了心,便找到蹇叔商量。

蹇叔听完秦穆公的想法后,没有赞同,而是反驳说:"这不是劳师动众吗?晋国千里迢迢,我们的军士到了那里一定疲惫不堪,而敌人精神百倍,我们能胜利吗?这些人还劝您偷袭,您千里奔袭,敌人又不是瞎子、聋子,看不到也听不到吗?"

秦穆公本以为蹇叔会支持他,赞赏他的政策,没想到劈头盖脸就是一顿反对。他气极了,说:"我看你也是年龄大了,长他人志气,灭自己威风!"说完拂袖而去!

秦穆公集结大军,刚到东门,就看到蹇叔穿着丧服,手持哭丧棒,满脸泪水,对带军出征的将领说:"孟明视呀!我来送送你,我只能看你出征,看不到你回城啦!"

"来人,拉走!"秦穆公在战车里气得七窍生烟,大喊,"这老糊涂,快来人给他拉走。"

蹇叔挣脱了过来拉他的人,说:"没有办法,我只好在崤山给你们收尸了!"他擦了擦眼泪,继续说:"晋国会在崤山伏击你们,崤山有南陵和北陵,你们从两陵间经过时必会遇难,那是个天险,你们想躲也躲不开呀!"

秦穆公仍没有听从蹇叔的劝谏,送大军出发了。

果然,秦军被伏,晋国只放回秦军的三名将领。三人向秦穆公汇报的被伏过程,竟然与蹇叔预料的一模一样。

秦穆公感慨地说:"我当初没有听蹇叔的劝告,付出了这么惨重的代价,但我也从失败中看到了秦国的现状,知道了努力的方向。"

果然,秦穆公励精图治,从失败中吸取教训,正视秦国的力量,为后面秦国统一六国的大业奠定了坚实的基础。

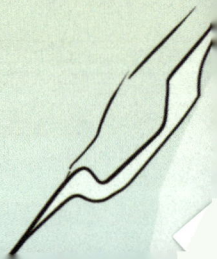

自查自省是门修行

引经据典

省察克治之功，则无时而可间，如去盗贼，须有个扫除廓清之意。无事时，将好色、好货、好名等私逐一追究搜寻出来，定要拔去病根，永不复起，方始为快。

古文今译

自省这门功夫，绝不能中断，好比消灭盗贼，必须有彻底扫除的决心。闲暇无事的时候，应该自省是否有贪财好色、贪图虚名等私欲，如果有，要将其根除。只有将这些不好的私欲消灭干净，才痛快。

"心学"小课堂

人无完人，身上有缺点，做错了事情，都是很常见的。有错误就要改，否则下次还会再犯。有缺点就要修补，免得下一次还会被攻击。修行能让自己日渐强大，作出更好的作品，更好地完成任务，更轻松地击败对手。不断纠正自身的问题，正是修行的法门之一。

抱着优点走多了，也要自省回头看看缺点有没有丢掉！

"心学"小故事

伯启是大禹的儿子,从小跟着父亲南征北战,立下不少战功。

诸侯有扈氏背叛,集结大军攻打大禹,伯启作为统帅带军抗敌。但是,伯启毕竟年轻,经过几轮战斗之后,明显不敌,只好退军休整。

伯启的部下非常不服气,纷纷要求再次出战。

伯启摇摇头说:"不用再打了,没有用。"

"为什么?"

"我们的地盘比他们大,军力也比他们强,但是为什么输了呢?"伯启问。

部下们你看看我,我看看你,不知该怎么回答。

"最终失败的原因一定在我们自己身上,比如我的品行可能不如对方将领,兵士便不会用尽全力去打。"伯启说。

部下们一脸迷茫。

"或者,我并不善于领兵,我的用兵有问题。"

"我们就这么咽下这口气了?"部下们还是觉得不服气。

伯启说："现在最重要的事情就是找出自身的问题，等把问题都找出来改正后，再出兵也不迟。"

从那以后，伯启立志奋发，勤政爱民，广纳贤才，很多有才能的人投奔到他的门下。他的城池和军队也一天天强大起来。

几年后，有扈氏看着伯启变得这么强大，也不敢来侵犯了，还心甘情愿地俯首称臣。

别光悔恨 有错就改

引经据典

先生曰:"悔悟是去病之药,然以改之为贵。若留滞于中,则又因药发病。"

古文今译

先生说:"悔悟自省是消除修养之病的良药,有错则贵在改正。如果沉溺于悔恨之中,那就过犹不及,因药发病了。"

"心学"小课堂

人们常说"失败是成功之母",不管多么成功的人生,也不可能完全不经历失败。可见,失败并不可怕,真正可怕的是不知道失败,不承认失败。自查自省是治疗失败的良药,因为自查自省,我们才能发现失败,找到失败的原因,让自己变得更好。但是,自查自省并不代表要沉溺于失败中不可自拔。看清失败,是为了获得成功,是为了不断前进。因为发觉自己的失败就止步不前,那就失去了自查自省的意义。

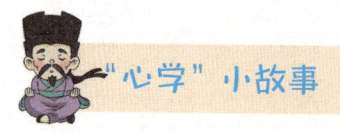 "心学"小故事

周处年轻时特别爱惹是生非,因为经常和人打架,弄得四邻八舍都不安。大家悄悄地把他归入"义兴三大害"之列。

除了周处之外,另外"两害"是河里的蛟龙和山上的猛虎。而且,大家觉得"三大害"中,周处是最厉害的。所以,有人便去劝周处:"你知道'义兴三大害'吗?听说河里的蛟龙和山上的猛虎特别厉害,你天天称王称霸的,你怕它们吗?"

"当然不怕!"周处说完,就上山杀了猛虎。

但那蛟龙实在太狡猾了,周处下河杀蛟龙,追着它游出几十里远,三天三夜都没有回。

当他杀了蛟龙,得意扬扬地回来时,看到乡邻们正在庆祝什么,他抓住一个小孩子问:"你们在庆祝什么?"

这个小孩子并不认识周处,兴奋地说:"义兴再也没有'三大害'了,周处这个大祸害终于没了!"小孩子拍手跳着。

周处这才知道,原来他就是那个最惹人厌的第三害,这该怎么补救呢?现在改还来得及吗?他带着满脸的疑惑去请教学识远近闻名的陆家兄弟。

陆家兄弟听完,哈哈大笑,说:"孔子说'朝闻道夕死可矣',意思是说,哪怕是早上明白道理,晚上死了也是来得及的。所以,你现在还年轻,既然认识到了自己的错误,一切就都还来得及。"

从此,周处踏实肯干,再也不打架、不惹是生非了。他终于改变了乡邻对他的看法,成了远近闻名的人物。

不慕虚名 正道而行

引经据典

学问功夫，于一切声利、嗜好，俱能脱落殆尽，尚有一种生死念头毫发挂带，便于全体有未融释处。

古文今译

在学问上下功夫，可以将所有的名声、利禄、爱好等全都抛却掉。倘若对生死还有一丝牵挂，那么，在学问功夫上就还有无法融会贯通的地方。

"心学"小课堂

想要获得多高的成就，就需要在这方面投入多大的成本。时间、金钱、精力，将这些堆砌起来，才能让你站在尖端，达到想要的高度。如果有太多其他想要的东西，将时间、金钱、精力用在追求其他事物上，就好像铺在地上的石板一样，没有任何高度。因此，在达到目标之前，越是被其他东西分散心神，就越是难以获得自己渴望的成就。

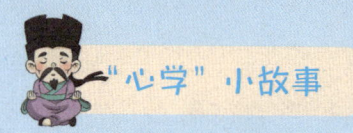

"心学"小故事

程颢是宋代著名的贤士,他少年时就中了进士,之后做了地方官,受到百姓的爱戴。而且,他的心思只在百姓身上,只做对百姓有利的事。

程颢任节度判官时,当地发了大洪水,村子里的堤坝决堤了,而州帅刘公涣又请假,于是,程颢连夜骑马找到刘公涣,说:"曹村决堤了,直接威胁到京城的百姓,作为臣子,面对决堤的口子,宁可用自己的身子去堵,你有事请假,我还是要用你的兵丁去救急。"

刘公涣立刻把官印给了程颢,说:"请您拿去吧!"

程颢拿着官印,集结兵丁,大声说:"养兵千日,用兵一时,今天百姓需要我们去保护,我将与你们一起护住堤坝,哪怕用身体去堵,也不能让百姓受难。"

士兵们都很振奋，跟着程颢去抢险。程颢则跟着大家一起泡在水里，几天几夜不休息，终于护住了堤坝。

有人把程颢的功绩上奏给了朝廷，皇帝对他加以褒奖。大家纷纷恭喜他时，他笑着说："我只是一心为了百姓着想而已。"

程颢对虚名并不在乎，他曾经写出"功名未是关心事，道理岂因名利荣"这样的句子。他最大的心愿就是做有益于百姓的事，最大的乐趣则是归隐林泉。

父母年老后，程颢特意为自己求了一个闲官，与弟弟程颐一起广收弟子，做传道授业的老师，培养出很多学识渊博的人。

这小子最近挺努力啊，真乖！

安全警报解除，看我大杀四方，嘿嘿！

早知道就好好复习了……